多層的なかかわりで子どもたちが 落ち着く まとまる

保育者のための
気になる子が複数いる
クラスの整え方

柳田めぐみ 著

中央法規

はじめに

　私は療育センターのソーシャルワーカーとして、保育園や幼稚園、認定こども園などに、年間80回を超える巡回訪問を十数年続けてきました。その訪問の中で、障害のあるお子さんや発達が気になるお子さんたちの集団生活での様子を知り、お子さんたちの抱える困難さをどう和らげ、成長をどう促し、うまく活動に参加するために何かいい方法がないかを、先生方といつも一緒に考えてきました。

　この本では、専門的な療育や診断名などの難しい話をするつもりはありません。園でできるはずもないことは言いたくありません。発達が気になるお子さんが複数いるクラスでも、訪問の中で「保育が素晴らしすぎる」「先生のタイミングがプロだな」と心の中で感嘆していることが何度もあります。私がソーシャルワーカーとして、まるで悟っているかのように先生方にお伝えしていることは、いつだって今まで出会った素敵な先生方が苦労の末に見つけた保育の形なのです。

　先生方に「こんな対応でいいのでしょうか？」とよく聞かれますが、先生ご自身が気づかぬうちに、そのお子さんにぴったり合った対応を選び取られていることも本当に多くあります。

　療育のように、その子だけに合った環境を整えられるわけではない中で、障害児保育や訓練を専門にされていない先生方が、目の前のお子さんたちと必死に向き合い、悩みながら、それでも大事に保育をされている。そんな園の先生方が行ってきたさまざまな工夫やアイデアを、この本で皆さんにご紹介します。なかにはいつも当たり前にしている内容もたくさんあるかと思います。でも、意識されずにしているそれらのことが、お子さんたちの集団を育て、それが確実に発達が気になるお子さんたちの助けとなっています。

　先生方が汗と涙と希望と苦難のもとに考えられてきた保育の形が、発達が気になるお子さんにどのように効果的であるかを具体的に解説し、先生方の不安を解消すること。それが療育センターのソーシャルワーカーとしての私の使命だと感じます。

　現在悩んでいて心が折れそうになっている先生に、これまでの先輩の先生方のいろいろな経験談が届きますように。そして少しでも明日の保育への光が見えますように。そう願っています。

2023年10月

柳田めぐみ

目次

第3章 1次的な支援「全体への集団支援」でクラスが落ち着く

第4章　2次的な支援「クラスの中での特別支援」でクラスがまとまる

1　発達が気になる子・配慮が必要な子を対象とした特別な支援　60

2　困った行動を減らしたいとき　76

いろいろ使える便利グッズ

おわりに

第 1 章

発達が気になる子の
集団での様子

1 | 発達が気になる子には どう対応したらいい？

集団の生活の中で「見た目は他の子どもと変わらないけれど、なんだか違う」「何度も同じことを伝えているけれどできない。なぜか覚えられない」お子さんがいます。

1 | その場に合うふさわしい行動がとれない子

1 保育者が何度も「見てください」と言っているのに、全く注目することができない

保育者

> 説明しているとき、他のところを見ていて聞いていません。後になって、一つずつ「これどうするの？」と聞いてきます。「今、話したばかりだよ」のくり返しです。

> 「注意散漫になってしまって注目していられない」「長い文章を聞いて理解できない」のかもしれないですね。

柳田ワーカー

② その子が席に着くのをみんなが待っているのに、急ぐことができない

何をするにも、いつも行動が遅れてしまいます。遅いからみんなが待っているのに、それがわからないのかゆっくり行動していて、声をかけてもなかなか進みません。

「先生やお友だちが待っていること」「先生やお友だちが何を求めて、そのお子さんを見ているか」に気がついていないようですね。

③ 好きなことはスラスラ話すのに、質問やお願いごとには「忘れた」としか答えられない

好きなことはどんどん話してくれるのに、こちらから質問したことや興味のないことには「忘れた」「わからない」と言って、聞いたことの答えが返ってきません。

たくさん話しているように見えても、話しかけられている言葉を理解していないのかもしれません。

4

④ 保育者の指示を聞いても
その時間に何をすればいいのかわからない

自由に遊ぶ時間にお弁当を食べようとしたり、高いところにのぼって触ってはいけないものを触ったりするのでいつも困っています。

その時間に何をすればいいのか、何をするのが正解なのかがわからないのだと思います。

＼ まとめ ／

発達が気になる子に対して、「やろうとしてもできないのかもしれない」「教えていることが正しく伝わっていないのかもしれない」と考えてみることが必要です。その子が「わかるように」「できるように」伝えるというポイントを外さないことがとても大事です。

2 | 気になる子への支援の「基本」を使おう

苦手なことや困難なことを克服させるのは、ハードルが高すぎて難しい場合が多いです。まずは、その子の「できること」「得意なこと」を活かしていきましょう。

 「視覚的に情報を処理する」ことが得意

目で見ることができると、忘れたり不安になったら何度でも確認することができます。「確認して行動したら自分にもできた」と実感できれば、見てわかる手がかりを助けに、何をすべきかを理解しようという意識が生まれます。

➡ **視覚的に記憶に残りやすい方法を使う**

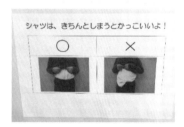

支援方法は第4章で詳しく解説します

Q どうして言葉だけでは伝わらないの？

A 聞こえる情報（言葉）だけでは、内容がイメージできず、やるべきことを記憶にとどめておくことができないからです。

② 「具体的な言葉」「短い声かけ」が理解できる

短くわかりやすい言葉、いつも同じキーワード、具体的な言葉であれば、その言葉を理解し、行動に結びつけることができます。

具体的な短い言葉を使う

Q どうして長い説明は伝わらないの？

A 耳からの情報だけでは、長い説明の中の「わかる単語だけ」、または「都合のよい部分だけ」「始めだけ」を聞いて理解したつもりになってしまうからです。

興味・関心があるものには力を発揮できる

興味・関心のあるワードを使うことで、聞いてみよう理解しようという意識がはたらき、大人が伝えようとしていることが理解しやすくなります。

➡ 興味・関心があるもののワードで誘う

Q どうして興味が持てないと聞いてくれないの？

A 興味がわかないことには、意識が向きにくく、自分に必要な情報として考えることができないからです。

④ 見通しの持てる活動が得意

いつもと同じ順番で、同じやり方で行動するのを好みます。一度ルーティンとして覚えると毎日同じようにできます。

▶ **やるべきことの手順を明確に示してルーティン化する**

▶ **見通しを持たせる（するべきことがいつ終わるかわかるように）**

Q どうしていつもと違うと困ってしまうの？

A 新しいもの、予測できないもの、少しでも変化があるものは、次が想定できず一気に不安になるからです。いつもと同じになるように、やり直しをすることもあります。

2 | できるはずなのに できないのはどうして？

家庭や療育機関ではできるのに、園では「どうしてもできない」ことがあります。これは、集団場面には「苦手なこと」が多すぎて、本来持っている力がうまく発揮できないからです。

1 | 気になる子にとって苦手なことを考えてみよう

苦手なもの

- 大きすぎる音（音楽、マイク、鍵盤ハーモニカ、オルガン、合唱、返事など）
- さまざまなところから聞こえる雑音（隣のクラスの音、生活音など）
- 多すぎる言葉かけ、早すぎる言葉かけ（友だちの会話、質問、先生の指示など） など

2 | 気になる子にとって混乱するものを考えてみよう

混乱するもの

- 過度の身体接触、急な身体接触（遊具、鬼ごっこ、ドッジボールなど）
- 急な大声の指示や予定の変更・中止　など

＼ まとめ ／

苦手なことのオンパレードの中で、求められる行動をしなくてはならず、先生の指示の理解もままならないので、頭の中は大混乱しています。
そんなときはどんなに適切な支援をしても、できるはずのこともうまくできません。

先生方のチームプレー

　保育園・幼稚園などへ巡回訪問をする中で、実際に保育の活動を観察する時間は長くても2時間ほどですが、そんな短時間でもお子さんたちの様子から、普段の先生方のお子さんとのかかわりが見えてきます。障害のあるお子さんに優しい声かけや優しい対応をしてくれるお子さんがたくさんいるクラスは、訪問者がいる・いないにかかわらず、普段から先生方が障害のあるお子さんに対して、優しく対応しているのだろうなと感じます。一方で発達が気になるお子さんがクラスの中に複数いて、先生方がその対応に追われ、いつも活動が滞ってしまうクラスは、教室に入ってすぐに他のお子さんたちの表情を見るだけで、普段の活動の困難さが見えてきてしまうというのも事実です。

　先日の巡回訪問では、クラスの半数以上が気になるお子さんで、加配の先生も含め、保育者が多く配置されたクラスでした。その先生方のチームワークがよく、それぞれのお子さんのタイプを理解され、それぞれの役割や立ち位置を把握された上で、「あうんの呼吸」で動かれていました。

　どこでどのように誰と誰がぶつかり合うとトラブルになるか、先生方には想定があって、クラス全体で集まりやゲームを行うときもうまくトラブルを避けるような配慮をしながら進んでいきます。ゲームや活動を始める前に、視覚的にわかりやすくルール説明を行い、「先生がこう判断します」ということを子どもたちの承諾を得てからスタートします。「ボールを貸して！」と数人が大騒ぎしたとしても、騒いだからといって要求が通るわけではなく、先生が状況をみて順番を決め、必ずその通りに対応をします。そのことで泣き叫ぶお子さんがいても、「泣き終わったら入れるから、落ち着いたらおいで」と淡々と優しく対応されていました。

　どんなに大騒ぎをしていても、先生方は静かな声と笑顔で次の活動の準備を進め、次の活動を期待する子たちがせっせとお手伝いをします。事前に用意された細やかな配慮と揺るがない設定が至る所にあり、その軸がしっかり先生方に定まっていたので、気になるお子さんだけではなく、クラスのみんなが安心してゲームや活動に参加できていました。どんなときでもブレない先生方を子どもたちが信頼し、それが子どもたち自身の満足感や自信につながっていくと知りました。集団の力動を使うことに慣れていない療育の知識だけでは、本気の保育のプロにはかなわないと心から感動したのです。

・・・

第 2 章

「気になる子」が複数いると
クラス運営ができない？

1 | クラスに発達が気になる子が複数いて、それぞれに対応できない

発達が気になる子それぞれに個別支援が必要とわかっていても、何人も対応が必要な子がいるとクラス運営が難しくなります。

1 | こんな状況ではありませんか？

① クラス活動が始められない

子ども

まじめに準備をして列に並んでも、遊びをやめない子がいるから、いつもそれをずっと待っているんだ。どうせすぐは始まらないし、いつまで待てばいいの？

切り替えが苦手な子の対応に先生が追われ、他の子どもたちはいつも待たされてばかりです。この光景をうんざりした目で見ている子どもたちは、列に並んでいたはずが、いつの間にかバラバラになってしまいます。

柳田ワーカー

② ▶ 保育者の声がいつも枯れている

話すときはみんなが大声になる。そうしないと相手に聞こえないから、先生も大きな声を出している。困ったときは大きな声で泣かないと、先生は気づいてくれないの。

先生は何度も声を張り上げて次にする活動を伝えています。先生は必死にそれぞれの対応をしていますが泣く子が次々と増えていきます。大きな音が苦手な子は保育室に入ることができません。

2 | 多層的な支援システムを取り入れよう

気になる子への対応を考える前に、クラス全体に困難が起こりにくくなるベースづくりを始めていきましょう。

1 | 多層的な支援システムって？

① クラスのベースづくり

気になる子の対応だけを考えても、クラス全体が落ち着いていないとその対応はうまくいきません。気になる子の個別対応ばかりに手が取られてしまうと、集団の安定が脅かされてしまうことがあります。それは気になる子のせいではなく、そのクラスにとって取り組むべき課題の優先順位が違っているからです。

昨年の文部科学省の調査*で、「通常の学級に在籍する小中学生の8.8％に学習や行動に困難のある発達障害の可能性がある（35人学級であれば３人ほどの割合）」ということがわかりました。この調査結果を見ると、どこの園にも必ず発達障害の可能性のある子どもが複数在籍していることになります。

それに加えて、日本語がまだわからない外国籍等の子どもや、家庭での養育に心配があり情緒が安定しにくい子どももいます。発達障害に原因がある課題なのか、それ以外の要因もあるのかがはっきりしないけれど、それぞれに対して、必要な配慮がないとうまく集団活動に参加できない子が増えているのも事実です。

気になる子の対応を考えるその前に、クラス全体に困難が起こりにくくなるベースづくりから始めていきましょう。

そこで用いるのが、多層的な支援システム（MTSS：Multi-Tiered System of Supports）の考え方です。多層的な支援システムとは、クラス集団を３層に分け、それぞれのニーズに応じた支援を示すものです。

＊ 「通常の学級に在籍する特別な教育的支援を必要とする児童生徒に関する調査」令和４年

多層的な支援システムのイメージ

3層目 3次的な支援	集中的に支援が必要な子の支援
	マンツーマンの支援
2層目 2次的な支援	配慮が必要な子への助けとなる支援
	クラスの中での特別支援
1層目 1次的な支援	クラス集団全体への共通の支援
	すべての子を対象にする 居心地のよいクラスづくり、わかりやすい活動

② クラスを3層でとらえる

　1層目（1次的な支援）は、クラスにいるすべての子を対象とします。年齢や発達段階に合わせた保育を展開する中で、すべての子を対象にした共通の支援をクラス全体に行います。誰にとっても居心地のよいクラスづくりや、誰にとってもわかりやすい活動を目指し、子どもたち自身の自立した行動を育てます。

　2層目（2次的な支援）は、気になる子を含む配慮が必要な子を対象とします。クラスの中にいる一定数の子に向けて、特別支援を行います。それぞれにとっての必要な支援を適切な場面で行うことで、活動への参加をスムーズにし、子ども自身の成長を促していきます。

　3層目（3次的な支援）は、集中的に支援が必要な子を対象にします。知的障害や自閉スペクトラム症、その他の障害などがあり、個別に専門的な支援が必要な子に向けて支援を行います。これらの子どもたちは加配の保育者がつき、着替え・食事・トイレなどでも、マンツーマンでの対応が必要です。クラス全体の活動への参加は難しいことが多く、加配の保育者が個別に誘導を行い、参加できそうなところを選んで一部の参加を試みたり、観察しながら雰囲気を楽しんだりすることで経験を積みます。

2 | 支援を重ねる

　クラス全体に困難が起こりにくくするために、１層目（１次的な支援）から予防的に支援を始め、次に２層目、３層目と段階的に重ねていくことが必要です。

 ベースの安定が生む効果

・・・・・・・・・・・・・・・・・・・・・・・・・・・・・・・・・・・・・・

　ベース部分の１層目の支援（１次的な支援）をクラス全体に行うことで、クラスの中に落ち着いて行動できる子どもたちが増え、よい行動のモデルとなってくれます。よい行動のモデルとともに行動することで、２層目に入るはずの気になる子の中にも適切な行動がとれる子が増えていきます。結果として対応が必要な子の数が減ります。

　そのことでより安定した集団が生まれ、２層目以降の配慮が必要な子にも安心できるクラスとなっていきます。

ベースが整っているシステム

層	説明
３層目 ３次的な支援	おんぶしてもらって場の雰囲気を共有
２層目 ２次的な支援	個別に声かけや促しを受けながら集まりに参加
１層目 １次的な支援	したくを終えて席に座って先生の説明を聞いている

　ベースが安定するとどんどん１層目の人数が増え、２層目以上の対応が必要な子の数を減らすことができます。

1層目が安定しないと2・3層目が増える

　1層目（1次的な支援）の集団が安定しないと、クラス全体が落ち着かなくなります。

　ベースが安定しないクラスは安心感が薄れ、本来なら少しの配慮で活動できる子どもたちが不安定になり、2層目以降の子どもたちの不適応が強まっていきます。

　そのため、場面ごとの特別支援だけでは安定せず、複数の子に個別支援が求められてしまい、対応する保育者の手が足りず、結果として2層目、3層目にあたる子どもの数が、どんどん増えてしまいます。

ベースが安定しないシステム

3層目
3次的な支援
　　全体が落ち着かないのでクラスから逃げ出す

2層目
2次的な支援
　　個別に声かけや促しをしてもなかなか応じてくれない
　　対応が必要な子が多すぎて保育者の手が足りない

1層目
1次的な支援
　　席に着く子が少なく、ばらばらに好き勝手に行動している

早急にクラス全体への共通の支援が必要です！

　クラスがまとまらない状況だから、「2層目の支援や3層目の支援をがんばらないといけない！」と考えた結果が、14・15ページ（1　クラスに発達が気になる子が複数いて、それぞれに対応できない）に出てくる2つの例でした。

　どちらの保育者も必死に2層目と3層目の子どもたちの支援に力を注いでいましたが、そこをどんなに頑張っていても、1層目の子どもたちが、安定して活動に取り組めていなければ、クラスはまとまらずに、まわりも巻き込まれていってしまう悪循環に陥るのです。

　まずは、1層目でベースの安定を目指し「クラス全体が安定し、誰もが安心できるクラスづくり」を優先して行うことから始めていきましょう。

　そのことが、クラス内の気になる子を含む配慮が必要な子どもの落ち着いた行動につながり、対応しなくてはいけない子どもの数を減らしていくための有効な手段となります。

お子さんたちの集団の力

　いつもお子さんたちの集団の力には到底かなわないと感じます。まわりが話している言葉の意味や活動の内容を理解しているわけではないのに、クラスの子どもたちみんながわぁっと笑い声をあげたとき、なんだか楽しい気分が伝わったようで、障害のあるお子さんが何ともいえない良い表情で笑顔になるのです。

　本当にお子さんたちの発するパワーや魅力は偉大で、療育では職員や場所に慣れにくく、時間をかけてかかわらなければならなかった難しいお子さんも、一時保育の園で、上の学年のお子さんが無邪気に声をかけてくれたら、すぐに笑顔を見せ、他の子がしている遊びをのぞこうとする動きを見せます。慣れるのにかなり時間がかかるはずだと思っていた私たち大人は「どうしてだろう！　信じられない！」と驚き、嬉しくなります。

　園庭で子どもたちが楽しそうに鬼ごっこや砂遊びをしているのを横目に、行ったり来たりをくり返している障害のあるお子さんも、何をしているわけでもないのに、とても穏やかな表情が浮かんでいます。木漏れ日のように光が揺れているのを見ているかのようで、みんなが自分のまわりを走り回っているのを眺めて「あははあはは」と笑うのです。

　このような環境は、療育の場では用意できないと感じます。構造化されたわかりやすい世界で、心が脅かされることなく自分の理解できる範囲で、すべきことができるようにと学んでいくことも大事なことです。でも、雑多な中でもたくさんの子どもたちの笑い声や楽しい歌声などを楽しめる環境で、自由に園内を動き回って好きな場所でのんびり過ごすことができる。その両方がある暮らしは本当に豊かなことだと思います。しかし、それは幼児期だけの貴重な時間や場所であるからこそ、彼らのおだやかな表情を見ながら、この宝物のような日々がいつまでも続くといいのにと願ってしまうのです。

・・・

第 3 章

1次的な支援
「全体への集団支援」で
クラスが落ち着く

1 | クラス全体の子どもへの共通の支援

落ち着いた行動ができる安定した集団を育てるために、発達が気になる子への対応の前にクラスの子ども全員が居心地よく過ごせる環境づくりを始めましょう。

1 | クラスの環境を整えよう

① ▶ 刺激を減らす

　壁に掲示物が多く、棚や机の上も物がいっぱいで崩れそうになっているクラスは、子どもたちには刺激がありすぎて、保育者の話を落ち着いて聞ける環境ではありません。整理整頓された部屋のほうが、保育者の説明が聞きやすいし、集中しやすいのです。まずはさまざまな刺激を減らし、整ったわかりやすい環境をつくることで、やるべきことが明確に伝わる集団が生まれます。

棚の上にも物が山積み。中身も丸見えで整頓されていない

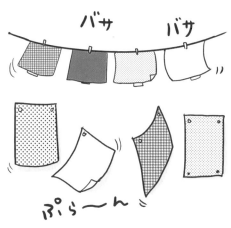

天井からぶら下がる作品が揺れている。秩序なく貼られた作品の鋲が取れてはがれている

　クラスの中でさまざまな刺激が飽和状態です。まずは整えて刺激を減らしましょう。

② 刺激を整理する

刺激とは、見えるもの、聞こえるもの、身体に触れるものなどを指します。騒がしく落ち着きがないクラスは、まずは部屋をシンプルにして刺激を減らすことが必要です。そして、その後で「すべての子どもがわかりやすい環境」をつくるようにします。

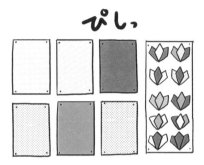

飾り付ける壁は一部分だけ。掲示物はきっちりそろえて貼られている

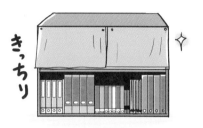

綺麗に並ぶ本。本には色別マークが貼られていてその色別に並べれば、高さがそろうようになっている

使わないときはおもちゃ棚に布をかける

使わないときはおもちゃ棚を裏向きにする

ポイント

- 掲示物などを貼るときは、配置（壁の一部だけなど）と適切な量を決める
- そのときに使わない物は、片づけるか見えないようにする
- 見えている物は、できるだけ揃える（整える）

片づけ方のルールを決める

片づけ方のルールを決めることで、子どもたちは自分でロッカーやおもちゃの棚の中を整理できるようになります。そのためには、「配置図」（何をどこに入れるかを示したもの）をわかりやすく掲示しましょう。すると、写真と実物を合わせるパズルのように、ゲーム感覚で楽しく片づけに取り組めます。

ロッカーのルール

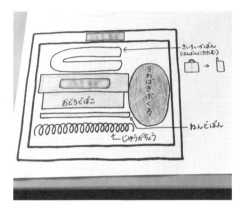

かばんやお道具箱などの入れ方が示されている

フックのかけ方が示されている

トイレスリッパの並べ方

スリッパ並べのお手本　写真が貼ってある

おもちゃ棚のルール

おもちゃの片づけ先を写真で示す

着替えロッカー

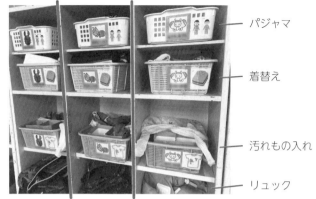

— パジャマ

— 着替え

— 汚れもの入れ

— リュック

1列が1人分。上から①パジャマ、②着替え、
③汚れもの入れ、一番下にリュック

着替えの手順

① せいふくをぬぐ きいろいかばんにいれる
② きいろいかばんを ろっかーにかける
③ きのふっくから たいそうふくをもってくる
④ たいそうふくを きる
⑤ たいそうふくのふくろと きのふっくにかける

手順を整理して絵で示すと子どもたちの動きがスムーズになる

■ ポイント

● 子どもが自分で片づけられるルールにする

● 片づけ方を絵や写真で表示し、子どもたちが確認しやすくする

● 保育者のエリア（机の上や棚など）も整理整頓し、大人が片づける見本となる

保育者が話す位置を決める

朝の会や読み聞かせ、製作の説明など、保育者が子どもの前で話すとき、その立ち位置が大切です。保育者が窓や掲示物などのない壁の前に立つようにすると、子どもは保育者の表情や絵本、見本などに意識を集中でき、保育者の言葉に耳を傾けやすくなります。

カーテン閉める

よてい
さんぽ
きゅうしょく
おひるね
おやつ
かえりのかい

スッキリした 背景で！

本日の流れを説明するときの背景

シンプルな壁にスケジュールを示し、その横で説明する。時計の近くだと見比べやすい

ポイント

● 説明するとき用の何も掲示しない壁をつくる

● 後ろが窓やガラス戸の場合、説明の間はカーテンを引く

● 保育者が動くと子どもは集中し続けられない。話しながら動き回らない

活動内容に合わせて座る位置を変える

どのような配置で座ってもらうと、子どもたちが保育者に注目・集中しやすいかを考え、活動内容に合わせてクラス内の座席を変えましょう。そうすると、次の活動を想定して、「トイレに行く前にいすを定位置に運ぶ」など、子どもたちの動きが決まっていきます。

ポイント

- 製作のときは、見本や保育者の説明が見やすい・聞きやすい座り方にする
- リトミックや体操のときは、順番がわかりやすい座り方にする
- 保育者が準備をしているときに、座って待つ場所を決める
- 活動ごとに、どこを向いてどのように座るのか、ルールを決める

座席の決め方

　お子さんたちの座席を考えるとき、先生が声をかけやすいように、気になるお子さんやフォローの必要なお子さんを前のほうに集めたくなるかもしれません。しかし、実際には、適切に指示を理解して落ち着いて行動できるお子さんを前に集めるほうが、クラス全体が落ち着くように思います。

　先生の話を聞いていなかった後ろのお子さんも、前にいるお子さんをモデルにして、適切な行動ができます。前にいるお子さんたちの落ち着きが自然と後ろのお子さんたちに伝わっていくかのようにまとまっていきます。

　加配の保育者がいるのであれば、フォローが必要なお子さんの座席を後ろのほうや外側にすると、クラスの集団に影響を与えない位置で、そのお子さんの動きを自然にフォローできます。

1次的な支援 「全体への集団支援」でクラスが落ち着く

⑥ 並ぶ位置を決める

　ビニールテープや個人マークシール、名前などの印を床へ貼ることで、子どもたちは「そこに立つ」「そこにいすを運んで座る」など、次の活動に応じた準備をすることができます。等間隔に印をつけておくと、ぶつかってしまうなどのちょっとしたもめごとも減り、並ぶのにちょうどいい距離感を学ぶこともできます。

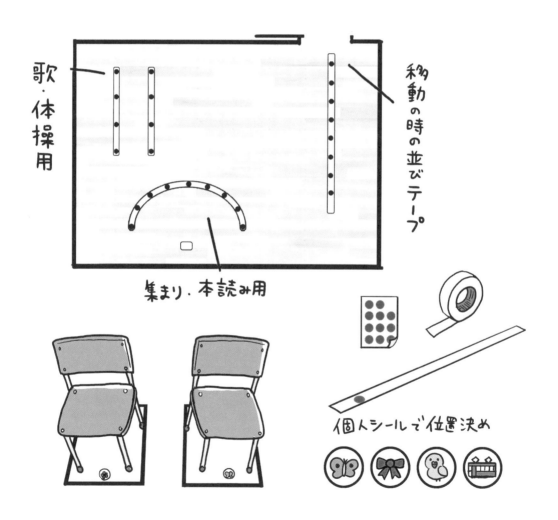

歌・体操用

移動の時の並びテープ

集まり・本読み用

個人シールで位置決め

水道・トイレ前の並び方

トイレを待つ場所を足形で示す

足形の上に立つと適切な距離がとれ、順番が
わかりやすい

トイレスリッパ置き場と立ち位置が示されて
いる

ポイント

- 「ビニールテープの上に並ぶ」など、集まるときの並ぶ位置を決める
- 自分のマークシールのところに立つ、いすを用意する
- マス目が書かれた敷物では、それぞれのマークシールが貼られているところに座る
- 床に線を引く、目印を決めるなど、移動のときの並ぶ場所を決める

7 ▶ 遊びのメニューを掲示する

　「この中から遊びを選んでいいよ」と全体に説明をして、選択肢をメニュー表のように掲示しましょう。朝の集まりなどで、子どもたちにアイデアを聞いて書き加えていくのもよいかもしれません。自分でしたいことを思いつけない子どもには、複数の選択肢からしたいことを考える助けとなります。

室内遊びのメニュー（例）

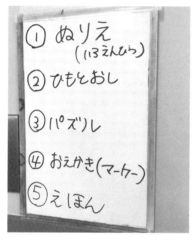

この中から選んで遊べるメニュー

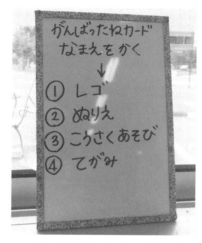

カードに名前を書き終わったら、することメニュー

ポイント

● この時間で「できる遊び」をリストにする
● 遊び自体に指示があるものは書き加える（「ぬりえ→いろえんぴつで」など）

自由に遊ぶ時間の中で何の遊びができるのかをわかりやすくしておくことで、不要な混乱やトラブルを減らすことができます。

柳田ワーカー

⑧ エリアごとに遊びを設定する

保育者が先に保育室内のエリアごとに遊びを決め、ブロックコーナー、ぬりえ用の机、粘土遊びをする机、ままごとエリアなど、その設定を準備しながら子どもたちに説明し、どこで遊ぶかを選んでもらいましょう。どこでどんな遊びをしているのかがすぐにわかるため、興味のある遊びを子ども自身が選択することができます。

ブロックエリア

粘土エリア

ままごとエリア

プラレールエリア

ポイント

- 集中して遊んでいる子が他の子に邪魔をされるようなトラブルを防ぐ
- 気になる子もエリアがわかりやすいので、心の準備をして遊びに向かいやすくなる

9 遊びごとにクラスでのルールを設定する

　遊びごとにルールを決め、それをわかりやすく掲示します。保育者が「ルールを確認して
ね」と伝えるだけで、子ども自身が掲示を見て何をしたらいいか考えられるようになりま
す。子どもたちが「これどうしたらいいの？」と聞いたり、その都度保育者が同じことを伝
えたりするようなことが減ります。

遊びのルール（例）

ぬりえの約束

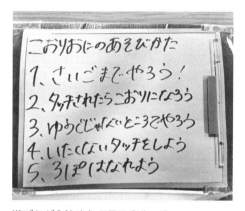

遊びながら決めたクラスのルール

ドッジボールのチームメンバーの確認とコー
トのルールを色分けして説明（名前が入る）

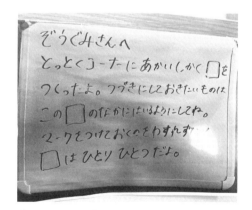

残しておきたい作品を取っておくルール

ポイント

- 子どもたち自身が整理整頓できるように、片づけ方、しまい方もルール化する
- 使いたいブロックの確保の仕方など（各自個別トレイに選んで取る、貸し借りもそのトレイを持って交渉するなど）、トラブルが起きやすい遊びをルール化する
- 保育者が何度も説明をくり返さなくとも、子どもたちが指示を確認して行動できるようにする

10 レイアウトを変えて、その場ですることをわかりやすくする

棚やロッカー、タオル掛け、机などの位置を変え、子どもたちの動線を一定の流れにしてぶつかり合いや混乱を減らします。低い棚などでエリアを区切ることで、「その場所に来たら何をするか」が明確になり、また、注意が他のことに逸れにくいため、それぞれがスムーズに行動できるようになります。

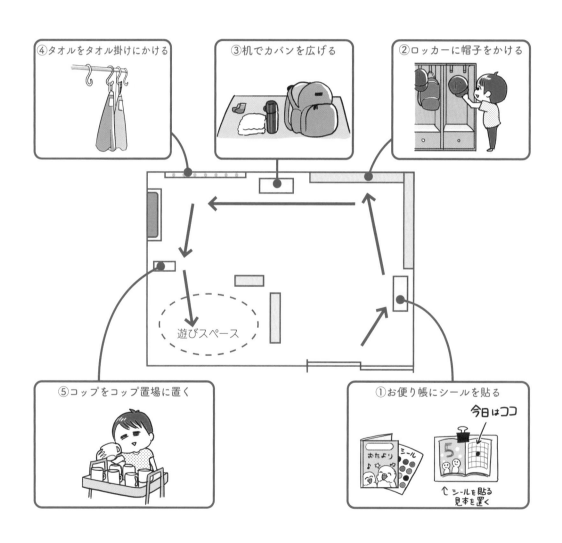

④タオルをタオル掛けにかける

③机でカバンを広げる

②ロッカーに帽子をかける

遊びスペース

⑤コップをコップ置場に置く

①お便り帳にシールを貼る

今日はココ

おたより　シール

↑ シールを貼る
　見本を置く

● 子どもたちが行ったり来たりせずに、一方向に進めるレイアウトにする
● やるべきことをしているときに、すでに終わった子が目に入らないようにする

トラブルが起こりやすい時間のレイアウトをチェック

　給食前の片づけの時間など、一定の時間に必ずトラブルが起きるという場合、お子さんたちの動線を見直してみましょう。おもちゃ箱を運んでいる子と片づけを終えて給食前の手洗いに向かう子がぶつかり合ってしまうような配置になっていないでしょうか。

　おもちゃを片づける棚の位置を変更すると、トラブルを減らせるかもしれません。いつも片づけるのが最後になるおもちゃ箱の置き場を変更することも検討してみましょう。

子どもたちが混み合わない動線をつくる

　製作活動で子どもが保育者に材料をもらいに来るルート、作品を保育者に見せる際の並び方（戻り方）、給食の配膳の際の並び方（下げ方）など、室内の動き方のルールを決めるだけでクラス全体の動きが変わります。クラスに出入口が2つあるときは、「出るときはこちらのドア」「入るときはこちらのドア」と決めておくと、余計なぶつかり合いが減ります。

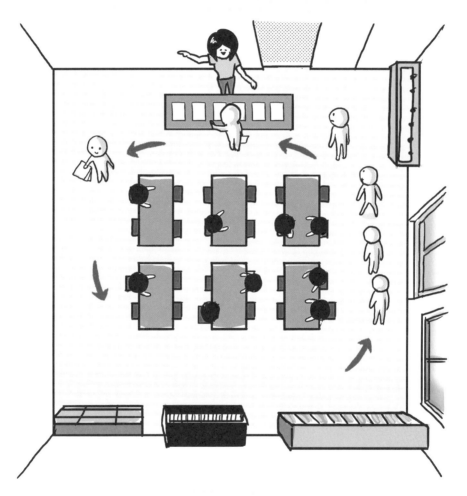

ポイント
- 常に注意の声をかけ続けなくてもよい、わかりやすい動線をつくる
- 入口と出口を分けて、スムーズに動けるようにすることで不要なぶつかり合いを減らす

12 ▶ 子どもたちの声量を減らす

声量のコントロールができずに何でも大声になってしまう子もいます。その子だけに練習をしてもなかなか変えることができません。活動の中で、場面を具体的に伝えながら、クラス全体で取り組むことで、声量の違いを実感でき、場面ごとに使い分ける意識を学ぶことができます。

声のボリューム表

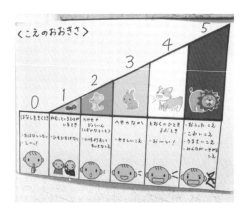

具体的な場面と、声の出し方が示してある

手作りアイコンをつけてお約束を決めている

ポイント

- 声量の違いはリトミックなどの身体の動きに合わせて声を出す活動を通じて、具体的な感覚を得ることも有効
- 「元気いっぱい＝大声でがなって歌う」ではないことを教える
- 自分の発した声を聴き、声量の調整をすることが、身体の動きや声の出し方のコントロールにつながる

⑬ ▶ 保育者の声量を減らす

　自分の発する声の大きさには気づきにくいのですが、保育者自身の声も聞こえる音の一つになっています。大事な話もそうでないこともずっと同じトーンで話し続けると、その声がBGMとなり、子どもたちの耳に届かなくなります。そうなるともっと保育者の声が大きくなる悪循環につながったりします。まずは保育者自身の言葉かけを振り返り、声の刺激を減らせないかを考えましょう。

ポイント

- ●「集まってください」と声をかけ続けるよりも、保育者が手遊びをしだすと、参加したいと子どもたちがどんどん自然に集まってくる
- ●保育者が話の中で、ジェスチャークイズ、ひそひそ声、筆談など、指示を聞いてみようと興味を引く方法を使ってみる
- ●いったん電気を消し、子どもたちの行動が止まって注意を引いたところで、次の行動を伝えるのも有効

子どもたちが騒がしいからと、先生の声も大声になっていることがあります。意識して、保育室に飛びかう大きな声や騒がしさを減らしていきましょう。クラス全体の音の刺激を減らすと、先生の指示が聞こえやすくなります。

⑭ 絵カードを使う

クラス全体の行動やルールを絵カードで示しましょう。クラスの大半の子どもたちが保育者の見せるカードの意味を理解して行動することが、気になる子の助けとなります。行動ができている子を見本にして、それをまねることで同じ行動ができます。

▶ポイント◀

● カードを見せることで子どもたちの注目を得やすくなり、保育者の声量を減らすことができる

● 「忍者歩き」「体育座り」「お母さん座り」「手はお膝」「しー」など、見て何をすればいいかわかりやすいものを取り入れる

※気になる子だけに使う絵カードの使い方は67ページへ

⑮ 使ってほしい言葉、使わない言葉を教える

　応援したいとき、賞賛したいときにどんな言葉を発したらよいのかをわかっている子とそれを思いつけない子がいます。なぜか人を傷つける言葉はたくさん覚えていて、本当は仲良くしたいのに「お前のせいだぞ」とか「負けろ」「嫌いだ」とかを言ってしまう子もいます。仲良くなるのに効果的な、使うと気分がよくなる言葉と使わないほうがいい言葉（ふわふわ言葉・チクチク言葉ともいいます）があることを教えていきましょう。

勝ち負けの言葉

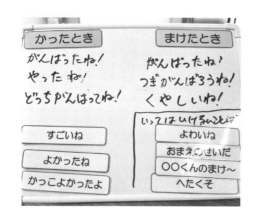
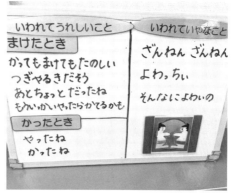

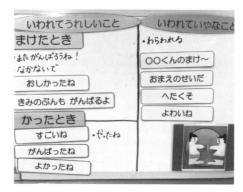

みんなで「なんて言うといいかな？」を話し合ってからゲームを開始する

応援セリフのアイデア

ポイント

- 文字が読める子が多いときは、視覚的にまとめて掲示し、普段の自分たちの言葉の振り返りをしてもらう
- 「こんなときはなんて言うのがいいと思う？」とみんなで考えながら、アイデアを出してもらうのも有効
- 「うんち」「おしっこ」などの下品な言葉で盛り上がってしまう子どもたちには、「それは面白くない言葉」「この年齢で言うのは恥ずかしい」などときっぱり伝える

16 ▶ 「ゲームに負けたとき」にどうしたらよいかを教える

　勝敗のあるゲームをするときに、「負けることがあること」「負けたらどうふるまうのがよいのか」を事前に伝えましょう。まだ幼いときは「負けた」瞬間にわぁっと泣き崩れてしまうことがあると思います。学年が上がってくると、負けたときに「泣かないのがかっこいい」こと、「他のお友だちを応援する」役割を教えます。毎回ゲームをする前にその約束の確認をしてからスタートします。

気持ちを表現するうちわ

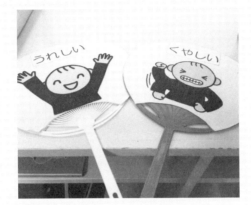

悔しいときにはうちわをパタパタ10回振る

ポイント

- 悔しい気持ちを表現することは悪いことではないので、「悔しいけど、次はがんばる！」という考え方があることを伝える
- 「タッチされたらバナナになる（バナナおに）・氷になる（氷おに）」「いす取りゲームで座れなかったら、次のターンのいすを抜く役割をする」「なんでもバスケットで座れなかったら、すぐに次のお題を言う」など、次に何をするかを具体的に伝える
- どうしたらよいかを忘れてしまう子には書いて掲示するなど、見て思い出せる方法を用意する
- なんでもバスケットやフルーツバスケットでは、「お題のメニュー」を用意し、そこから選んでもらう

① ▶ 1日のスケジュールを事前に伝える

・・・

　朝の会などで、その日の流れや活動の順番をクラス全体に説明し、子どもたちが理解し、見通しを持てるようにしましょう。子どもたちが次に行うことを想定して物品を準備したり、心の準備をしたりすることは、計画を立てて物事を考える練習となります。これは、就学につながる大事なスキルとなります。

スケジュールの例

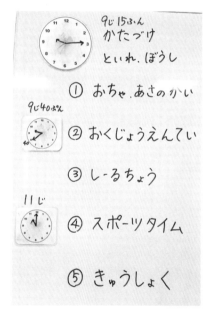

時計と見比べて確認

イラストとセットで示す

小学校では
このように示されます

ポイント

● 予定の変更を伝えるときも、スケジュール表などを使って「ここがこれに変更です」など と視覚的に説明する
● クラスの子どもたちの理解度に合わせた絵や文字、数字を使う
● 保育者間で、事前にその日の活動や集団の動きの想定をする（これにより、加配やフリー の保育者との密な連携が可能となる）
● 集団を待たせる状況や集団の動きの空き時間を減らす

保育者が活動内容をころころ変えない

　保育者が活動内容を固めないまま、「この後の活動内容をどうしよう？」と考えながら 動いていると、子どもたちはその都度待たされ、動きが滞り、クラスのまとまりが崩れ ていきます。

　子ども主体の保育においても、子どもたちの意見を聞き入れながら、保育者が、建設 的に内容を整理していくことが求められます。特定のお子さんの発言や意見の強さで、 安易に約束やルールが変わってしまうと、強くいえば勝手な行動をしてもいいという雰 囲気を生むことになります。保育者が活動内容の軸をぶらさずに活動を進めていくこと で、保育者に子どもたちが信頼してついていくクラスが育っていきます。

② 子どもたちの手を借りる

　年齢に合わせて、できるところは子どもたちにどんどん準備や片づけを手伝ってもらいましょう。配付物やいすの準備や片づけ、物を運んでもらう、仕分け、机ふき、本棚整理など、頼めそうなことはお願いする癖をつけましょう。頼まれたことを実行し、保育者から「ありがとう」「助かったよ」と声をかけられることが、子どもたちにとって小さな達成感の積み重ねとなり、その子自身の自信につながっていきます。

ポイント

- 子どもたちをただ待たせて、保育者が1人で準備する状況を減らす
- 子どもたちに頼めることを事前に想定し、お願いのための段取りを組んでおく
- 子どもたちそれぞれが得意なこと、できることを見極め、その力を活かす

特別に見える状況を減らす

　活動の合間のちょっとした空き時間をうまく過ごせない特別支援の必要なお子さんに対し、そのお子さんだけ先生の仕事のお手伝いをしてもらうとか、そのお子さんだけ特別に違うことをさせてもらえていることがあります。次の活動を待たされているだけのクラスのメンバーは、その特別支援の子だけがみんなができない特別なことをさせてもらえていることを知っています。その子がみんなを叩いてしまうからとか、泣いて怒るから、だからあの子は特別にできるのだとみんなが思っているのかもしれません。

　でも、「どうしてあの子だけ特別にいろいろ許されているのだろう」「ずるい」という思いが生まれる子もいるかもしれません。

　先生に何かを頼まれてできるということを誇らしく思うお子さんは多いと思います。特別支援の必要なお子さんだけでなく、指示どおりにいち早くいろいろな準備を終え、次の活動を待つだけになっているお子さんや、手伝うから次の楽しいことを早くしようよと期待を膨らませているお子さんそれぞれに、「特別に」ささいなお願いをたっぷりして、先生はそれぞれに感謝やねぎらいの言葉をかけることで、お子さんたちの充足感がUPできたら最高です。

3

一次的な支援　「全体への集団支援」でクラスが落ち着く

53

③ 進行役の保育者は常にクラス全体の動きを進める

　もめごとが多く起きてしまうクラスは、保育者がトラブルの対応をしている間に、活動が始まらずに待たされていた他の子どもたちの間で、また別のもめごとが発生してしまうという悪循環が生まれることがあります。こういったクラスでは、複数の保育者たちのかかわりや役割分担が求められます。進行役の保育者が、準備ができて待っている子どもたちを次に進めていく。そのことが彼らの意識を高め落ち着きを取り戻し、適切な行動を保つことにつながります。

ポイント

- ●進行役の保育者が、ある程度の子どもが集まったら「さぁ始めるよ」とタイミングよくスタートして全体の活動が滞ることを減らす
- ●進行役の保育者は、トラブルに関連している子の妨害が入ってしまったとしても、その子を担当する保育者に任せ、活動を進め続ける
- ●その日の流れの中でトラブルが起きそうな場面を予測し、どの保育者にヘルプをお願いできるか想定しておく

トラブル対応の事前準備

　手が出やすいお子さんがいる場合は、そのお子さんがどんなときに叩くなどの行動が出てしまうかを分析し、保育者が止められる位置をどう確保できるかを考えましょう。そのための事前準備や席配置、子どもたちの人数の制限、先生たちの役割分担の想定を事前にしておくことがトラブルの被害を最小限にします。手の出やすいお子さんが怒っているときに、周りのお子さんが図らずも挑発をしてしまうことにならないないように、「子ども同士で注意しないこと」を伝え「あとで大人が伝えるから大丈夫だよ」と教えていきましょう。子どもたちには、「何か困ったことや嫌なことがあったら、大人に教えてください」ということも伝えていきましょう。

時間差でチームを分けて活動する

クラス全体で一斉に製作活動を始めようとしても、見本が見えにくかったり、説明がうまく聞こえなかったりすることが多くあります。また、早く完成できる子と指示がわからずに止まっている子がいるなど、なかなか一斉には進んでいかないということがあります。チーム分けをして少人数ずつ時間差で、製作活動を行う形もあります。

ポイント

● その活動が得意な子から先に取り組んでもらう（先に取り組んだ子の作品が、後から取り組む子の見本になる。また、保育者の説明も洗練されていく）

● 製作などの活動をしていない子どもたちが遊んで過ごす時間を持て余さぬよう、選択肢をわかりやすく示す（34ページ参照）

先生の愛情の深さ

　園の先生方は、日々の保育を展開していく中で、さまざまなお子さんの成長や発達を見ています。お子さん一人ひとりの性格を知り、それぞれの成長の仕方を見て、昨日できなかったことが、今日できているということに驚き、そのことをともに喜び、そして次に教えていくべきことを考えてくれています。子どものできないところや悪いところを探しているわけではありません。親御さんは日中のお子さんの姿を知ることができませんが、いつしかお子さんは親の知らぬうちに成長していたり、困難さを抱えていたりすることが、先生方には見えています。

　「お子さんの発達に心配がある」と伝えられたとき、親御さんが不安と焦りと心配とで、怒りや拒絶の気持ちが出てしまうのは仕方のないことかもしれません。いいところだけを見たい、心配な部分は見たくない、否定したい、そういう気持ちで、園の先生の話を信じたくないと思ってしまうこともあると思います。

　かかわることが本当に難しいお子さんで心が折れそうになってしまったとしても、先生方はいつも一人ひとりの本来持っている力を信じていると感じます。それぞれのお子さんが頑張ろうとしていることに力を貸し、苦手なことにはどう教えたらよいのかを悩み、少しでもできたらそのことを褒め抱きしめ、みんなで喜び合う。しっかり向き合って信頼できる先生が教えてくれたことや叱ってくれたこと、認めてくれたこと、愛情をたっぷりかけてもらったこと、これらの経験が、子どもたちがこの先を生き抜いていく中で、どれだけ大きな支えとなっていくことでしょう。

　私は子どもたちの成功を喜び、失敗を励まし、ときには悪態をも受け止めながら、それでも「頑張れるよ！　大丈夫だよ！」と毎日かかわってくれている先生方がいるのを実際に見て知っています。だからこそ、親御さんたちに保育園や幼稚園の話をするとき、「このことがどんなに幸せなのか、みなさん気づいていますか！　もっともっと感謝しませんか！」と大きな声で伝えたい。結局そんなことは言えないのですが、でもついついそんな衝動に駆られてしまうのです。

第 4 章

2次的な支援
「クラスの中での特別支援」で
クラスがまとまる

発達が気になる子・配慮が必要な子を対象とした特別な支援

1次的な支援でクラス全体のベースを整えたら、次の段階では、特別な支援が必要な子に対する2次的な支援を取り入れていきましょう。

1 | 伝え方の5つの工夫

発達が気になる子に、保育者が伝えたいことを「正しく理解してもらう」ためには、「その子がわかる方法で」伝えることが大事です。そのためには、その子は「何がわかりやすいのか」「何がわかりにくいのか」を見極める必要があります。

 「個別」に伝える

・・・

　保育者のクラス全体への「園庭に行くので、トイレに行って準備を始めてください」という声かけを受けて、子どもたちの多くは、困ることなく次の行動に向かいますが、気になる子は、それが毎日していることであったとしても行動を始められません。全体の声かけだけでは、次に何をすべきかわからなかったり、自分にも向けられている言葉だと気づいていなかったりするからです。

保育者の指示と子どもたちの頭の中

> 園庭に行くので、トイレに行って
> 準備を始めてください

保育者

> はーい
> (いすを片づける→
> 　トイレに行く→
> 　帽子をかぶる→
> 　靴下をはく→並んで待つ)

子ども

　そこで、個別に指示を伝えましょう。
　個別に指示を出すためには、保育者はまず子どもたちがしている行動を細かく分けて考えることが必要です。これらを言葉や指さし、ジェスチャー、視覚的手掛かりなどを駆使し

て、「次にすること」をまずは具体的に1つずつ伝えていきましょう。

園庭遊びに行くまでにすることリスト

以下を保育者が一つひとつ伝えていきます
・（正しいいすの持ち方をさせながら）「A君いすをはこぶよ」
・（いすを片づける位置まで運べたら）「ここに（指さす）重ねてください」「次はおトイレ
　です」

次に伝えていくことは以下へと続いていきます
・トイレに行き列に並ぶ、自分の番がきたら空いている個室に入る、ズボンを下げて用を
　足す
・お尻をふいてズボンを上げる（トイレットペーパーの使ってよい長さを守る）
・手洗いの列に並び、自分の番がきたら手を洗う
・帽子掛けに自分の帽子を取りに行く、帽子をかぶる
・靴下入れに自分の靴下を取りに行く、靴下をはく、はいたら園庭に出るドアの前に並ん
　で座る

１つずつの個別指示に応じて行動できるようになっていったら、「いすを片づけるよ」という指示で、「はこんで、いすを重ねるところまで１人でできるか」など、どこまでをひとまとめでイメージして行動できるかを確認しながら伝えていきましょう。

　そのひとまとめでできる行動が増えたら、次は「１番いすの片づけ、２番トイレ」と伝えていきましょう。「３番帽子をかぶるまでいけるかな？」と確認しながら増やしてみて、途中で指示を忘れてしまうようなら、また１つ減らしてみるなど、本人の理解度、行動の達成度に合わせて、個別指示を調整していきます。

行動をつなげていくために

　「いつも１つずつ言い続けているのですが、くり返しても全然行動の流れを覚えられないようで……。いつまで言い続けないといけないのでしょうか」と相談されることがあります。流れを覚えていくには、気になる子自身で「そういえばいすを持ったら、あそこにはこぶよね」「帽子をかぶったら、靴下だな」と気づいていくことが必要になります。その流れに気づいていくには、ある程度の子どもたちがやるべきことをやり終えて、

トイレの個室に手順が貼り出してあると、自分で確認できる

混みあう状況ではなくなり、トイレや手洗い、帽子掛けのあたりが空いていて、気になる子が行動をしに行ったときに、待たされることなく、スムーズに行動できることが必要です。

　気になる子に個別指示を伝え行動をし終えても、その間に個別指示を出す保育者が他の子の手伝いに追われてしまっていたりすると、気になる子にその次の指示をスムーズに出せず、行動の流れが途切れてしまう。そういう状況のくり返しだと、伝えられているその行動に順番があって、毎日していることだと気づけません。

　８割くらいの子どもたちが、全体指示で行動をし終えた頃から、保育者が横で常に一つひとつ個別に伝え続ける、行動したらすぐに次を伝えるというように、個別指示を途切れさせずに伝え続けることができたら、気になる子もその流れに意識が向くようになっていきます。

② 常に「してほしい行動」を伝える

　気になる子の行動を止めたいとき、してはいけない行動に自分で気づいてほしいときなどに、「のぼらないで」「さわらないで」というような「〜しないで」という言葉で声をかけることが多いと思います。その言葉で、保育者が伝えようとしているのは、「その行動はするべきではないので、その行動をやめて、反対の行動をしてください」ということです。

　しかし、気になる子は「〜しないで」という言葉で、その反対の行動をイメージできているでしょうか。

　「立たないで」と言われて、座ることができるか、「走らないで」と言われて、歩けるか、「遅いよ」と言われて、早くしようと急げるか、それがわからないのならば、「〜しないで」を使わず、真っ先に「〜する」だけを伝えるようにしましょう。とっさに言い換える言葉を考えるのは難しいかもしれません。よく使う言葉に対し、何の行動を求めているかを考え「〜する」で言い換えられるよう練習しておきましょう。

「さわらないで、見るだけだよ」と両者を一度で伝える言葉も、長い説明を聞いて理解するのが難しい子は、前のほうだけを聞いて判断してしまい、「さわっていいと先生が言った！」と思ってしまうこともあります。「してほしいこと」を一番はじめにシンプルに短く言うのが、伝わりやすい大事なポイントです。

見せて伝える

「今日は雨なのでプールではなくて、シャワーです」という言い方も、長い説明を全て聞いてから理解するのが苦手な子の場合、始めの言葉や自分が好きな単語だけ聞いて、「プールだ！　やったー！」と、都合よく思い込んでしまうことがあります。

「今日は雨なのでプールはお休みでシャワーです」よりも、「今日はシャワーです。雨でプールはお休みです」と順番を変えて伝えるほうがよいでしょう。下の写真のように、視覚的に伝えるのも有効です。

見るだけで、今日は沐浴かプールか、それらがあるかないかがわかる

荷物は自分で持つ。お母さんに持たせない

③ 聞く準備をしてもらってから伝える

　気になる子は、全体に指示が出ていても、「自分に言われている」ということや、「自分がする」ということに気づいていない場合があります。そのため、「A君、手はおひざだよ」「B君、大事なことを1つ言います」などと、あえて先に名前を言って、本人に聞く準備をしてもらうことが必要です。

　ただし、「A君、座ってください」「A君、叩かないでください」などと、他の子どもの前で行動を正すために名前を呼ぶことが多い場合は、注意が必要です。

　保育者が名前を呼んで声をかけ続けることで、クラスの子どもたちに「またA君はできていない」という意識を印象づけてしまうことがあります。そばに行って肩をトントンとして保育者の存在に気づいてもらってから、その子に聞こえるボリュームの声でしてほしいことを伝える、顔をのぞきこんで保育者の視線に気づいたらジェスチャーですることを伝えるなどの配慮をしましょう。

聞く準備をしてもらうのは指示や注意だけではなく、ほめるときや感謝をする
ときも同じです。漠然とほめても、気になる子は、残念ながら何をほめられた
かわかっていないことがあります。後ろからほめても、自分のことだとわかっ
ていないこともあります。

伝わるようにほめるためには、近づいて視線を合わせることが必要です。その
際は、能力や性格ではなく具体的な行動をほめましょう。短くシンプルに「Ａ
君、素敵に座っているね」「Ａ君、お手伝いありがとう」などと、こういうと
きこそ名前を呼びましょう。そして、気づいていないようであれば、身体に触
れながら顔を見て、「Ａ君、並び方がいいね」と、何がよかったかが具体的に
伝わるように声をかけましょう。

柳田ワーカー

4 「好きなこと」の絵カードで伝える

「してほしくないこと」から絵カードを導入すると、失敗してしまうことが多いです。してほしくないという意味で×印をつけた絵カードを見せても、それは何をしないでほしいと伝えている絵なのか、さらには自分がそれをしていたかどうかすらわかっていない場合もあります。代わりに「何をするか」「何が〇なのか」を伝えていきましょう。

まずは、本人の「好きなこと」の絵カードを見せることから始めていきましょう。

「水遊び」「散歩」「給食」「外遊び」「ブロックとパズル」など、カードを見たら楽しいことがあると思ってもらうことが大事です。

ふだんは会話が上手な子でも、機嫌が悪いときや、泣いたり怒ったりしていて気分が変わらないときなどは、先生が言葉かけを重ねるよりも、好きなことの絵カードや写真を見ることで、気持ちが切り替わるきっかけになることがあります。

「してほしくないこと」表示の注意点

　1次支援として、クラス全体の約束ごとを確認する際に掲示するものとしては、「してほしくないこと」の絵カードは使える場合もありますが、特別な支援が必要な子にだけ絵カードを使うのはあまり有効ではありません。

クラスみんなのルール。戦いごっこはしません

　エレベーターや電気・電化製品のスイッチなど、そのもの自体に触らない、のぼらないなどの意味で×印を付けることもあるかと思いますが、これも1次支援でクラス全体に伝える場合はよいのですが、気になる子は逆に気になりすぎてしまったり、余計にこだわったりすることもあります。隠してしまうほうが「触らせない」には近道かもしれません。

⑤ 理解度を確認して絵カードで伝える

・・

　絵から行動をイメージするのが難しい子もいます。たとえば、「手を洗う」という行動を絵カードで伝える際、「水遊び」と伝わってしまい、何をしてほしいかが伝わらないことがあります。

　伝わらないときは、まずその行動のために使うもの（例：ハンドソープ）の実物を見せる、それを持って手洗い場に移動する（これはここで使うものだなと理解させる）、そして、保育者がジェスチャーと言葉（例：「手を洗うよ」など）とともに手を洗う動作をくり返すことで、ハンドソープを先生が見せたら「手洗い場に行く」「手を洗う」ということを覚えてもらいます。

　次はそのハンドソープの写真を見せ、何をするか理解して行動できるかを確認します。行動で使うものの実物→（実物の）写真→行動の絵という段階を踏んで、保育者がしてほしいことを伝えていきましょう。

療育機関で絵カードを使う練習をしているケースもあります。そのような場合は、その療育機関と連携し、同じ絵カードを使う、指示の仕方をそろえるなどにより、絵カードが有効に使えることもあります。

絵カードでの支援について

　保育現場の先生方から、「発達障害のある子には、療育などで使われる『絵カード支援』がよいのですよね？」と聞かれることがよくあります。確かに発達障害のあるお子さんは、視覚的に情報を処理することが得意（第1章「「視覚的に情報を処理する」ことが得意」（6ページ）参照）ですが、保育園や幼稚園で絵カードを導入しても、残念ながらうまくいっていない場面を目にします。

　発達障害のあるお子さんは、ただカードを見せられただけでは、そのカードの絵が何を意味しているかが理解できず、絵カードの意味を誤ってとらえているということもあります。絵カードを通して伝えたいことを本人が理解できているかを確認しながら使っていきましょう。

2 | その子の課題に合わせて対応を変える

① 「間違わせて覚えさせる」という方法をとらない

・・・・・・・・・・・・・・・・・・・・・・・・・・・・・・・・・・・・・

　気になる子は、理解のずれが生じてしまうため、その子自身が「わかった」と思ったことやがんばったことが、「違うよ」と言われる経験が多くあります。そのため、うまくいったと思えることが少なく、自信が育ちにくく、行動する前から「どうせできない」「難しすぎる」と言います。

　だからこそ、やる気への配慮を考えましょう。気になる子に対しては、「間違わせて覚えさせる」は効果的ではありません。「これがダメだったから、こうしてみよう」とは考えられないのです。「もうだめだ。全部終わり」と極端に悪いほうに考えてしまっていたりします。否定語では正しい行動をイメージできないのと同じです（「常に「してほしい行動」を伝える」（63ページ）参照）。

　間違えてから覚えるよりも、始めから正しいやり方を教えて考えてもらうとよいでしょう。特に初めての活動のときは、言葉だけではイメージできないことも多いので、初回は観察学習と考え、まずは周りの子たちがしていることを見せ、「これだったら自分もできるかもしれない」「何をするかわかった」と理解してもらってから、参加を促していきましょう。

② 活動の難易度を調整する

製作や運動の活動は、始めと終わりを軽めの難易度に設定します。まずは見せて「これならできるかも」と思わせ、視覚的にわかりやすく「こうするとできるよ」「あと少しでほらできるよ」と見せていきます。

リトミックなどは、まずはみんなのしている動きを見ることから始め、走るだけで楽しくなるさっと入りやすい動きや、加配保育者と一緒なら手をつないで音に合わせて揺れることができるような活動から誘い込んでいきましょう。

折り紙では保育者が角を合わせて指をさし、「ここアイロン（折り目を押してつぶす）お願いします」と声をかけ、アイロンする役割としてスタートします。途中は保育者が折り進めるのを見ていてもらいながら、「ここが最後のアイロンです」と伝え、その子が役割を果たしたら「できた！　やったね！」と声をかけて終わるようにします。

最後も少し軽めの設定にすることで、確実に成功を実感して終わりにします。そのことがまた次の活動への参加の意欲を保つ秘訣です。

本人が好きなもの（キャラクターや生物など）や興味のある素材を取り入れられたら、より取り組んでみようと思ってもらえます。すぐに結果がわかることも気になる子のやる気につながります。「ここがうまくいっているよ」「あと少しで完成だね」と具体的に伝えましょう。

皮膚の感覚が過敏な子への工夫

気になる子は皮膚の感覚が過敏なことがあります（逆に鈍感すぎる子もいます）。製作活動時に糊や絵の具にさわれない、泥遊びの泥にさわれないなど、べたべたしたものが苦手なことがあります。少しでもついたら手を洗いたい、服を着替えたいと訴えることもあります。

慣らそうと無理にさわらせるのではなく、糊は色画用紙の切れ端を使ってつける、泥遊びはスコップを使ってOKなど、直接触れずに他のもので触れる方法で参加してもらいましょう。活動に参加する中で楽しさを感じ、気持ちに余裕も生まれ、少しついてしまったとしても気にせずいられるようになることもあります。

やわらかくそっと触れるというさわり方は、さわられた気持ち悪さが敏感に出やすいので、皮膚感覚の過敏な子には、ぐっと圧をかけて触れるようにしましょう。

お昼寝のときの保育者の「トントン」も保育者の腕がもたれるくらいに、少し腕の重さをかけてあげたほうが安心できる場合もあります。

身体の動きが落ち着かず、寝るまでバタバタ手足が動いたり騒いだりしてしまう子も、マッサージのように足の裏をグイグイ強めの力で押す、膝やすねを強めにさするなどしたほうが、その刺激で少し気持ちが和らぎ、入眠しやすいことがあるようです。

手のひらの感覚が敏感で手をつなぐことが難しい子は、みんなでひもにつながる「プラスチックリング」を握って列になる方法などで、さわられる負担を減らす工夫をしましょう。

皮膚感覚を育てる

幼児期には、でこぼこしたものやざらざらしたものに触れる、はだしで地面を歩く、鉄棒などにぶら下がる、綱をもって引っ張る、高ばいなどで床に手をつけ体重を支える、寝転がってゴロゴロ転がるなど、いろいろな刺激に触れる遊びを通して、手のひらや身体の感覚が育っていきます。さまざまな感覚を育てていくと敏感さが薄れていきます。

4 ▶ 聴力の感覚が過敏な子への工夫

　気になる子は、聴覚に過敏さがあることがあります。スピーカーやマイクの音、ピアノの音、みんなで鳴らす楽器の音、避難訓練のベルの音、赤ちゃんの泣き声、がなりながら歌う友だちの声などは、その子にとっては耐え難い音なのです。自分で耳をふさいでいたり、その部屋から逃げ出したり、「うるさーい」と自分の声でその音をかき消そうとしたりと、その子自身で対策をとろうとしますが、そのことで集団活動に支障が出てしまいます。どうしたらその苦手な音を回避して、活動に参加できるかをその子と一緒に考えてみましょう。

　その子自身が音楽を流すスイッチを押す役割をする、ベルの鳴る時間を予告し、鳴る前にイヤーマフをつけるなど、自分で心の準備をした上でその音を迎えるようにすると逃げ出さずに参加できる子もいます。

ホールでのピアノの音が苦手な子には、反響しない場所を見つけ、「この場所ならいても大丈夫そう」と思える「逃げ場」を一緒に考えておく、また、鍵盤ハーモニカをみんなが練習しているときは、少し離れた場所で個人練習をしてもらい、みんなの音が揃ってきたところで、クラスに戻り「(この揃った音なら) 大丈夫」と思ってもらえるようにする。その子が嫌だと思うことを一緒に受け止めることは、本人にとっても保育者がわかってくれているという安心感につながります。

　「こうしたら大丈夫かも」と一緒に考えてもらうことを通して、聴覚が過敏な子自身も自分の苦手なことの対処方法を知ることができ、「その音が鳴ったらどうしよう」というドキドキする気持ちが薄れることで過敏さを和らげることにつながります。

2 | 困った行動を減らしたいとき

困った行動（物を投げる、文句を言うなど）を何とかしようと考える前に、あえて今できたこと・できていることを「ほめる」「認める」ことを優先しましょう。

1 | 「ほめる」と「認める」がポイント

① 今できたこと・できていることをほめる

できて当たり前のことも、ほめる声かけをすることで、子どもは「認められている」「正しい行動を見てもらえている」と感じます。そう感じると、気持ちがのらないことや、本当はやりたくないことにも、少しやってみようと協力的な気持ちになります。

結果として、困った行動が減っていくことにつながります。遠回りしているように感じるかもしれませんが、ここが大事な軸なのです。

　ほめたいけど、ほめるところがない！　と思ってしまうことも多いかもしれません。そんなときは、その子がしていることをそのまま実況中継しましょう。あいまいな「すごい」「優しいね」では伝わりにくいので、「ブロック積んでいるんだね」「こぼさないようにしてるね」などと、具体的に伝えます。「ほめる・認める」にはさまざまな表現方法があります。たとえば、ほめる、励ます、気づいていると伝える、ほほえむ、うなずく、拍手する、goodサイン、OKサイン、感謝する、喜ぶ、驚く、興味や関心を示す、頭をなでる、肩に手を置く、ハイタッチ、できた証のシールやスタンプなどです。

> 言葉での賞賛がまだわかりにくいお子さんには、「よくがんばったね！　これどうぞ」と、ご褒美的に好きなもの（大好きなおもちゃや安心グッズ、休憩タイムや大好きな先生とのお散歩タイムなど）を賞賛の言葉とともに受け取るという経験を通して、「その言葉うれしいな」と感じる経験を積んでもらいましょう。

25％ルール

　せっかくのチャンスを逃さないようにほめるコツは「25％ルール」を使うことです。これをしてほしいと思っていることが「すべて（100％）できたらほめよう」と待っていると、途中から違うことを始めてしまうなど、せっかくほめようと思っていたのに、最終的にはほめられなくなってしまいます。ですから、まずは25％でほめることにしましょう。「お！　片づけはじめるのね」とやることを思い出したらその時点でまずほめます。そして「そこから入れるとは考えたね」などと、やり始めたらほめます。さらに、やっている間も「やさしく入れている。いいね！」とほめ、終わったら「早く終わったね。ありがとう」と再びほめます。

　「25％ルール」「困った行動への反応を弱めて正しい行動をほめる」は、ペアレントトレーニングやティーチャーズトレーニングのプログラムの中で使う技法です。使い方や技法をより詳しく知りたい場合は『保育士・教師のためのティーチャーズ・トレーニング　発達障害のある子への効果的な対応を学ぶ』（中央法規出版）が参考になります。

困った行動に対して保育者の反応を弱める

困った行動（物を投げる、文句を言う、叩く・蹴るなど）に対しては、その行動を何とかやめさせようと保育者は大きく反応して、なぜいけないのか、どうしてやめないのかと諭したくなるかもしれません。しかし、保育者が大きな反応をすればするほど、気になる子の困った行動はヒートアップし、くり返してしまいます。そこで、かかわる保育者で対応を合わせ、反応せずスルーしましょう。

反応せずスルーすることは、保育者が怒って「もう知らない！」と子どもの存在を無視することではなく、その「困った行動にだけ」反応をしないということです。反応せずに、今してほしいことを伝えます（63ページ参照）。「もう一回やり直せ！ みんな嫌いだ！」とその子が騒いでいても、その言葉に反応せず、淡々と「座ってください」とだけ伝える。それでも、「やだーあっちいけー」と騒いだら、「落ち着いたら来てね」と声をかけ待ちます。

その子自身や周りの子どもに危険がある場合は、大きく反応するのではなくパッと手を止め、「投げません」とだけ言い（反応は小さく、無表情に一度だけ。止められるなら静かにただ投げる手を止める）、危険のない場に移動しながら、落ち着いた声で淡々と「いすに座ってください」と次にしてほしいことをわかりやすく伝えます。投げようとする手が止まったら「いいよ」、いすに向かって歩き出したら「ありがとう」と認める声をかけます。

> 先生が、いつもしていた注意などの反応をやめると、お子さんの行動は、いつもと違う行動をする大人を試すために、必ず一時的にヒートアップします。そうなっても反応しないと決めておくことがとても大事なことです。

叱るのは逆効果に

　気になる子は、状況を察して自分のやるべきことを選び取ることが苦手です。気になる子に教えたいことが一番伝わらない方法は、ただ叱りつけることです。困った行動に対して、「早くやめてほしい」と考え、眉間にしわを寄せ、怒りのオーラを出す、それでも気づかないと説教するなど、先生はかなりのエネルギーを使って、そのお子さんにしてはいけないことだと教えようとします。

　しかし、その方法は残念ながら効果的ではなく、そのお子さんはより攻撃的で反抗的な態度をとり、また困った行動をくり返すという悪循環となります。気になる子は周りを困らせたいのではなく、自分の感情のコントロールがつかなくて困っています。気持ちの切り替えができず、またちょっとしたことで混乱してしまい、投げたり叩いたりの表現方法しかできなくて困っています。そのように考えて、彼らがしてほしい行動につながっていけるように、先生もできるだけ効果的な方法をとっていきましょう。

③ してほしい行動をしたらすぐにほめる

困った行動からしてほしい行動に変換していくためには、保育者が「反応しない→してほしい行動をしたらすぐにほめる」をセットで行うことが必要です。「文句をいいながら、片づけをする」→「文句には反応せず、片づけていることをほめる」、「お茶をこぼしたと言いに来た」→「お茶をこぼしたことを責めず、言いに来てくれてありがとうとほめる」といった具合です。

困るようなことをしているのに「ありがとうなんて言えない！」と思うかもしれませんが何度伝えてもやめられない困った行動を減らし、よい行動を引き出すのは、次の行動をわかりやすく伝えること、そしてしてほしい行動を子どもがきっとしてくれると信じて待つことです。

「いすに座ってください」と伝え、そのあとは言葉にはしなくても、その行動をしてくれるのを保育者は待ちます。その行動をしようとしたときの「ほめる」をするために待つ。それをくり返すことしかないのです。その子のむしゃくしゃした気持ちがふっととけて動いた瞬間に、嫌味を言いたくなる気持ちをぐっと我慢して、「待っていたよ。ありがとう」と即座に言えると今まで変わらなかった循環がよいほうに動き出します。

子どもたちにも反応しないように伝える

他のお子さんたちにも「だめなんだよ」「悪いことをしてる」などと、気になる子の行動に反応するのをやめてもらいましょう。「先生が伝えるので言わなくていいよ」と周りのお子さんには伝えます。相手の子が被害を受け、気になる子が謝れなくとも「ごめんね。今は気持ちを落ち着ける練習中なんだ」と保育者からの謝罪でその場は許してもらいます。

気になる子の「ごめんね」は、興奮しているときではなく、「落ち着いてから言う」に加えて「言えたことを先生が認めてくれる」をセットで行うようにしていきましょう。

第 **5** 章

3次的な支援
「個人への特別な支援」で
動じないクラスになる

1 | 加配の保育者の対応

集団生活が難しく、保育者が1対1でつく必要がある場合、より高度な支援が求められますが、対応が難しいことも多いので、保育者自身が苦しくなってしまうことがあります。

1 | 保育者が1対1でつく場合のポイント

3次的な支援は、集中的に支援が必要な子を対象にします。知的障害や自閉スペクトラム症、その他の障害のある子どもなど、個別により専門的な援助が必要な子のため、常時加配の保育者がつきます。活動参加だけではなく、着替え・食事・トイレなどでも、1対1の対応が必要な子もいます。障害の種類や程度などによっても、適切な支援がそれぞれ異なります。

まずはその子に合った支援を療育機関や医療機関、訓練の場などでかかわるスタッフと共有し、どのような考え方や方法で個々の支援をしていくのか、その都度、園全体での方針を確認していきましょう。

① 信頼関係を築き、一緒に過ごす場所を見つける

1対1の加配が必要な知的障害や自閉スペクトラム症のお子さんが入園した場合、最初のうちは、その子のさまざまな探索行動に付き合います。危険がないかを確認しながらできるだけ止めずに、その子の動きを見守りながら過ごしてみます。

どんな場所が好きか、どんな遊びが好きそうか、どんなことが嫌なのか、どんな活動だったらクラスのみんなと一緒にできそうかなどを探りながら、その子が安心できる場所や時間を見つけていきましょう。

　その子自身も自分についてくれている保育者がどんな人なのかを探りながら過ごしていると思います。定期的に静かな場所で過ごす時間が必要な子もいます。廊下の隅、絵本コーナー、事務所、空き部屋など、子どもだけではなく、担当する保育者も安心して過ごせる場所を見つけるのが最適です。

　1対1で対応する子の障害の程度に合わせて、乳児クラスに型はめなどのおもちゃを借りに行ったり、また、見て眺めて楽しめる写真が多い絵本や回るものや光るもの、オイルタイマーなどの玉が落ちていくもの、音の鳴るおもちゃなど、その子が楽しめそうなものを探してみましょう。

スペースをつくる

　クラスの活動がその子には難しい場合でも、保育室の中に過ごせるスペースがあると、そこでその子に合った好きな遊びをしながら、クラスみんなの活動の様子を聞いていたり、のぞき見たりすることもできます。見えることで興味がわき、心の準備もできて、参加してみようかなと思えることもあります。本棚やピアノの裏などで過ごせるようにスペースを用意する、保育室の角に机を設置し、そこで他の遊びをできるようにしておくなどもよいでしょう。

　感情がコントロールできず、気持ちが落ち込み立ち直るのに時間のかかる子や、イライラしてしまう子がクールダウンするスペースとして使うこともできます。

スペースの例

子ども　加配保育者　リーダー保育者

②▶ 1対1で振り回されない

　加配の保育者は1対1でつくのが役割であっても、子どもによっては、無計画にただずっと横についていればいいというわけではない場合もあります。

　横にいて常にその子に話しかけ続ける、その子の動きにすべて反応し続ける、その子のすることをすべて止めるなどのあまり適切ではないかかわり方をしていることも多く、担当の保育者を嫌がって逃げ回っていたり、「あえて保育者が困ることをくり返して、それを保育者が止める」というパターン遊びになっていたりします。現在の状況がどのようなかかわりとなっているかを振り返って考えてみましょう。

　加配の保育者が、その子とどうかかわればよいかが想定できていないまま、部屋から出ていってしまうので仕方なくついて行く、言われるままにおんぶをしている、することがないから絵本を見せているというような、「仕方なく付き合っている」という意識だと、やがて苦しくなっていきます。その日の対策もないまま、「いったいいつまでこうしていたらいいのか」と保育者も子どもも考えるような状況では、子どももすることがなく飽き、不適切な行動が増えていくこととなります。

加配の保育者が子どもをリードする

　無計画に「ただその子についているだけ」ではなく、保育者の想定の中で、どう距離感をもってどこにかかわるか、どこは見守るにとどめるか、活動の中で参加させるとしたら、どんな準備をすると体験できそうかなどを考えていきましょう。

　発達段階によっては、その学年の保育室にあるおもちゃではうまく遊ぶことができない子もいるので、何をして過ごせばよいのかの判断が難しい場合もあります。廊下を行ったり来たり、ドアを開けたり閉めたりが遊びになる子や、くるくる回ったり、カーテンを揺らしたりすることを楽しむ子もいます。

　園によってそれを遊びとして許容するには、どの時間ならOKか、この時間は他の子とぶつかりそうだから、違う場所に移動するなどと判断し、「この時間まではおんぶをして落ち着いてもらう」「今日は機嫌があまりよくないから、本人の好きな水遊び時間を多めにとろう」など、どの対応を選ぶか、どの時間まで行うかなどは、本人のペースをみながら、加配の保育者のリードで動いていくという意識を持ちましょう。

　加配の保育者１人の判断では難しい場合は、どのような予定にしたらよいか、意図して対応した結果などを振り返り、うまくいかなかったときは違う策を練るなど、担任や主任の保育者などとも一緒に、アイデアをもらいながら考えることが必要です。

　そのためには、その日のクラス活動のスケジュールを事前に決め、クラスの状況や活動内容を見ながら、１対１の対応の子はどういった参加にするか、子どもの集中力や理解力を考えると、たとえば、今回の製作では貼り付けることができたら上出来かな、無理だったら場所を移動して落ち着けるスペースでお絵描きにしようなど、いろいろな策を想定しておきましょう。

④ 離れて見守り、興味を持つ瞬間を待つ

　クラスがその時間はリトミックをしているが、1対1で対応する子はそのクラス活動には参加せず、部屋の隅で落ち着いてブロック遊びをしている。そんなときは、加配の保育者は横にいて止めたり話しかけたりする必要はなく、少し離れてその子がブロック遊びをしているのをただ見守ります。気になる子がクラス活動の楽しそうな雰囲気を気にしてブロック遊びの手を止めて見ていたら、加配の保育者が近くに行き、「ピョンピョンカエルしてるね」などと、活動の内容の解説をしてみる、興味がありそうならば「一緒にいく？」と声をかける、立ち上がって見にいこうとしたときには、横についてともに参加する。構いすぎないくらいがちょうどよく、タイミングをはかりながら、待つ姿勢が必要となります。

好きそうな活動・できそうな活動からクラス活動にチャレンジします。やみくもに活動に参加させようとするのではなく、その日の体調や機嫌もうかがいつつ、クラスの環境、騒がしさや落ち着き状況なども考慮して、無理のないステップを考えていきましょう。

◎この製作が始まるまではみんなが準備をバタバタしていて落ち着かないから、いったん
　廊下の絵本コーナーで図鑑を見ることにする
◎クラス全体が落ち着いて着席し、保育者の説明が始まったところで一緒に教室に入り、
　保育者が見せている見本を見せつつ、使う画用紙を一緒に選ぶ
◎画用紙を手に着席を促してみる。着席が難しいようなら、加配の保育者の膝にもたれつ
　つ、まずはみんなが何をしているか観察してみる
◎徐々に何をするかがわかってきたところで、再度着席を促す
◎座ったところで糊を出して、具体的に人差し指に糊を付ける方法、どこに塗るのかを教
　えていく

　このとき、クラスがまとまって活動を始めていないと、個別に支援が必要な子が落ち着い
て観察するのが難しくなります。その子と加配の保育者のところに、他の子が集まってきて
しまう状況だと、結局、個別に対応が必要な子は、廊下に逃げていってしまうことになりか
ねません。今後の予測のために、日々の保育の振り返りで参加できたときやできなかったと
きのクラスの状況と保育者の声のかけ方、本人の動きなどを確認し、今後の対策に活かして
いきましょう。

6 ▶ 多動傾向のある子を正面から止めない

　多動傾向のある子に対して、真正面に立ち、行き先をふさぐなどの静止の仕方は、その子の「思い通りにさせてもらえない」「保育者に止められた」という不満が一気に出てしまい、せっかくの関係が悪くなってしまうことがあります。立ちふさがって止めるよりも、真横について伴走するような形でともに動き続けながら、行かせたくない方向には向かわせないようにします。子どもに自分の好きな方向に行っているように感じてもらいながら、会話をしたり気を引いたりしながら、向かわせたい方向に何となく誘導していくとうまくいきます。

7 多動傾向のある子を追いかけない

　座っていてほしい時間に座っていられずに、保育者の顔を見ながら逃げていく子は、追えば追うほど逃げ、ただの追いかけごっこを楽しんでしまう場合もあります。加配の保育者は追わず、追いかけてくるだろうと期待しているその子に向けて「座るよ」といすを指さして伝えたら、あとはただその子のいすの横で待ちます。子どもが「追ってこないのはつまらない。先生の所に戻ろう」と自発的に戻ってきたら、「さぁ、これ始めよう」とワークブックを開くなど、次にやることを伝えます。

5

3次的な支援　「個人への特別な支援」で動じないクラスになる

活動が始まる前の、ただ待っている時間などは、まわりでピョンピョン飛び跳ねていたり、寝転がっていたり、フラフラウロウロしていても、危険や邪魔がなければ、この後の活動で座っているためには必要な事前行動ととらえて、止めることなく見守りましょう。スタートするときに、「始まるよ」と声をかけ、座れば十分です。何もすることが決まっていない合間の時間に無理に座らせておくことに労力を払う必要はありません。

　多動傾向のある子は、一定時間、身体を動かさずにいることに苦痛を感じる場合があります。定期的に飛んだり揺れたり動いたりをすることができれば、その後の少しの時間は、机での活動に座って落ち着いて取り組むことができます。身体を動かせる時間が定期的に確保できないと、モゾモゾと動きたくなっていすの上で座り方をころころ変えたり、イライラして物を雑に扱い紙を破いてしまったり、大声を出したり、物を投げたり、他の子に文句を言うような行動がでます。座っていられずに立ち上がって歩き回るというようなことにもなります。

　動ける活動と止まる活動が交互にあるのが理想ですが、動かずに活動する時間が長いときは、時折合間にあえて動き回る時間を保育者が許可しましょう。「切り終えた紙をゴミ箱に捨てに行こう」「一度手を洗ってこよう」など、気分転換にもなることで、戻ってきたときに集中力が再び保てるようになります。

　下の写真は、ある園にあった手づくりのサンドバッグです。透明のごみ袋に裂いた新聞紙が詰められていて、室内の壁の一角に吊るしてあります。動きたいときにバンと叩くと袋が跳ね、ガザガザとした音が出るので、多少気持ちがすっきりするようです。

クラスの誰もが叩いて気持ちを発散できるほか、身体をぶつけて遊ぶこともできる

⑧ 感情の爆発につき合う

ゲームに負けたり、「それ違うよ」と声をかけられたりするだけで、負けるのが許せなかったり、自分が非難されたと感じ、怒りが沸き上がって、感情のコントロールがつかなくなり、かんしゃくを起こしてしまう子がいます。「だいきらいだ！　あっちいけ！」などと泣き叫び、近くにいる子を殴ったり蹴ったりしてしまう。そんな危険な場面では、さっと加配の保育者が介入し、まずは危険のないところまで連れていきましょう。移動するのが難しい場合は、その子以外の子どもたちに動いてもらいます。

「大丈夫。もう1度できるよ」「ほらこうすれば直ったよ」などと対応してもらうことや、不満や文句を受け止めてもらうことで、だんだんと落ち着いていく子もいます。でも、かなり興奮しているときや、構うと余計に泣きがひどくなってしまう場合などは、集団から少し離れ、静かな落ち着く場所で、保育者は言葉をかけずに横で静かに見守る。「落ち着いたら一緒にやろうね」「泣き終わったら教えてね」などと伝えて、かかわらずにただ待つ。そのほうが早く落ち着きます。

先生が叩かれたり蹴られたりしたときは、「叩かないで」と怒りの表情を出すのではなく、静かに手や足を止め「やめてください」（言葉で言わずに首を振るだけでもよい）と一度言ったら、少し叩かれないところに離れます。それでも追ってくるときは、その手や足を止めたまま目や顔をそらし反応をやめて、その子が落ち着くのをただ待ちます（ここは78ページと同じ考え方です）。

柳田ワーカー

気持ちを受けとめるボード

落ち着いてから本人にそのときの気持ちを聞き、保育者が「受け止めたこと」と「次にどうするか」を伝えながら書き込む。その子は自分の言い分を受け止めてくれたと理解する

苦しくなってしまうとき

　怒りがとまらず、本当は加配の先生のことが好きなのに「嫌だ！あっちいけよ」と言ってしまうお子さんもいます。その本心を先生自身がわかっていたとしても、毎日のように「お前きらいだ！　顔も見たくない！」と言い続けられたり、怒りのままぼこぼこと殴られたりすると、加配の先生でもやはり気持ちが削られてしまいます。

　保育者同士で「いつも言われ続けると苦しいよね」「わかっているけれど、でも傷ついてしまうよね」と言い合えて、「本当は好きなくせにね」とユーモアをもって笑い合える関係性が、加配の保育者の支えとなります。

⑨ 気持ちの切り替えを手伝う

　鬼ごっこや勝ち負けのある活動、製作活動などで、自分の思い通りにできなかったときなどに、怒りがコントロールできなくなる子には、次回負けたときに泣かないで終われるように、事前に気持ちの切り替えを想定しておきましょう。

　ゲームや活動の前に「負けたとき泣いたり叩いたりせずに、どうしたらよいかを考えておこう」と気持ちの切り替え方をいくつか選択できるように一緒に考えてみます。言葉だけではなくいくつかの選択肢を書き残し、ゲーム前にそれを見て確認する。負けたと感じたときも再度見て、そのときに選んで行動できたらほめます（しようとしたというところからほめていきましょう。80ページの考え方と同様です）。

気持ちを切り替える選択肢

しないほうがいいことの確認と切り替える選択肢

この中から事前に選んでおく

⑩ 複数の保育者で担当をローテーションする

　特定の保育者だけしかその子に対応できなくなると、その保育者は休みもとりにくく、その子に対する全責任を負うことになり、苦しくなってしまうことがあります。

　気になる子は変化が苦手な子が多いため、同じ保育者が同じやり方でかかわることがよいとされていますが、担当の保育者がつぶれてしまっては意味がありません。ある一定の保育者の中でローテーションを組むのも一案です。

この場合外してはいけないポイントは、「かかわり方をそろえる」ことです。毎日くり返し行う行動の順番をそろえる、声かけのパターンを統一する、この部分は許す、ここは止めるなどというかかわり方のルールを一定にします。どんな遊びをしているか、どんな指示の出し方がいいかなどを担当するチームで共有して、かかわり方を統一します。

　日々の体調変化により対応を変える必要があるときは、変更点や新しいやり方を確認するために、事前に確認することのできる個人の記録を用意して、対応の共有を図るようにするとよいでしょう。

　3次的な支援が必要な子は、教えたことを何度も何度もくり返してやっと身につけていくため、なかなか短期間では指導が身につきにくく、成長が見えにくいことが多いです。「自分のかかわり方が悪い」と自信をなくしたり、「他の保育者のほうがうまくいくのではないか」と不安になったりすることも多いかもしれません。そんなときに複数の保育者がローテーションでかかわることで、そのメンバーで話し合えたり、アイデアを出し合ったり、ねぎらい合ったりができること、成長の姿が見えたときに喜び合えることが、個別に担当している保育者たちの心の支えになります。

11 ▶ 園でできないことを判断する

　保育園や幼稚園などは、障害のある子の支援を専門に行う場ではありません。それでも気になる子たちに合わせてさまざまなことをもっとできるようにしてあげたい、この子にとって良いことを何でもしてあげたいと考える保育者も多いようです。

　でも、保護者から療育的にも難しいかかわりを園の中でするように求められたときは、「その部分は療育や訓練で教えてもらってください」という返答をすることも必要だと思います。極度の偏食や強すぎるこだわり、睡眠リズムの崩れなど、専門的指導が必要なものは専門機関で指導してもらった上で、園でできそうなことを取り入れるほうがよいでしょう。

　保育園や幼稚園などへ毎朝登園することで、子どもの生活リズムを安定させることができます。それだけでかなり大事な役割を担っています。

　給食では、家庭では出てこない食品を知ることもできますし、家庭では絶対に食べないようなものを周りの雰囲気の中で食べてしまうこともあるでしょう。毎日のくり返しで、着替えの仕方を習得すること、片づけを通して出したものを同じところにしまうことを経験すること、さまざまな遊びを知ることもできます。園で当たり前にしていることだけでも、もう十分すぎるくらい、他ではできないことを教えているのです。

第 6 章

園全体で共通認識を持つ

1 | 園全体の支援の考え方を整える

発達が気になる子が複数いても安定したクラスをつくるには、園全体の支援体制や関係機関、保護者との連携が欠かせません。

1 | 「あのクラスの担任にはなりたくない」を防ぐ

1 ▶ 園全体の支援をそろえるために情報を共有する

気になる子が複数いるクラスは、保育者たちが何を目標にして頑張ろうとしているのか、この子のどこにサポートが必要で、担当保育者がどうかかわっているのかということを、園全体で理解していることがとても大切です。

他のクラスの保育者に、「あのクラスは担任の力がないから……」という目で見られてしまうと、その保育者は苦しい思いをします。だからといって、力のある保育者だったら、気になる子がクラスに複数いたとしても、サポートしなくていいということではありません。

安定した集団を育てるために、1次的な支援から2次、3次と積み上げているクラスの情報を園全体で共有・協力・応援する意識が、子どもたちに日々向き合う保育者の助けとなります。さらにクラス単位ではなく園全体で統一した支援をする体制があれば、他学年のクラスも安定していきます。同じ支援が引き継がれるので、学年が変わっても子どもたちが混乱するのを減らせます。

支援を引き継いでいく例

A園

3学年とも同じ時計を使用して
時計を見る練習を積む

3歳児クラス　　　**4歳児クラス**　　　**5歳児クラス**

絵と文字で示す　　　数字と絵と文字で示す　　　数字と文字だけで示す

同じスケジュールを引き継いでいくことで学年が変わっても混乱しない

B園

3歳児クラス

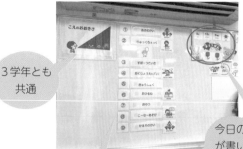

3学年とも
共通

本日のスケジュール
数字と文字と絵で示す

今日の日付と当番
が書いてある小さい
ホワイトボード
保育者が手に持ち
子どもたちの近くで
見せることができる

室内
遊びのエリア
の説明

4歳児クラス

3歳児よりも簡略化されたスケジュール。時間が示されている

5歳児クラス

持ち歩ける
話し合いボード
行事の役割確認・製作活動の
順が示してある

時計の針の形で
時間を見る練習ができる

終わりの時間の
事前予告がある

情報量の増えたスケジュール

クラスに気になる子が複数いるとき、園の中に「あのクラスの担任にはなりたくない」という思いが生まれないよう、他の保育者たちが、今後自分も同じような状況になったとき、周りの保育者が信じて支えてくれるだろうと思えるような支援体制を整えていきましょう。

② ▶ 手が足りないときは協力してもらう

気になる子の対応に手が回らず、加配の先生もおらず、保育室の中でその子のためのスペースもとれず、担任の保育者が1人で物理的にも心理的にも苦しくなってしまう場合は、クラスの担当以外の保育者に職員室などの別の部屋で、気になる子に対応する時間をつくってもらうことが必要です。そのヘルプを受けながら、日々のクラス活動を進めていくことになります。園長や主任保育者と相談し、「クラスの立て直しを図るために、この時間はここで」「今○○の部分が課題なので、○○の日までにどの先生が○○を」などと、目的や期間をできるだけ明確にした上で、園全体の協力体制をつくりましょう。

以下は実際に園内で協力できる体制をつくっていた例です。

・保育室内に入ることができず、園内を自由に歩き回ってなかなかクラスに戻れない子に、廊下で行事の準備をしている補助の先生が声をかけ、話を聞いたりしながら、気持ちを切り替えて、一緒に保育室に戻っていく。

・クラスの中で盛り上がり興奮しすぎてしまう子は、保育室の中では落ち着ける場所が見つからないので、興奮が収まらないようであれば静かな職員室に避難する。そこにいる先生に見てもらいながら、お絵描きをして徐々にクールダウンしていく。

・じっと待つことが苦手ですぐに身体を動かしたくなり、立ち上がって歩き回ってしまう子には、「これを園長先生に届けてください」「○○先生に伝えに行ってください」などと、お手伝いを頼み、動ける機会を保障する。「ありがとう」と言われる回数が増えるので、子ども自身の気分もよくなる。

・他の子どもの前ではできないけれど、特別なほめ言葉やがんばりシールなどをもらえることを目標に頑張っている子は、主任の先生と職員室で個別の約束をする。「今日は半日、怒っても叩かずに我慢できたよ」と報告にいくと、ほめてもらえて職員室に用意してあるその子のノートにシールがたまっていく。

・クラス全体が落ち着かず、保育者に構ってほしくて困った行動をしてしまう子が多発している年長クラスの子には、園全体で「ほめほめスキンシップ大作戦」をしてもらう。たとえば、お昼寝時間になると各学年のクラスに、「今日の係の年長さん」が2〜3人お手伝いに行く。トントンしながら、「さすが年長さん上手だね」とほめてもらい、「あなたが赤ちゃんの頃、可愛かったよ」と昔話を聞かせてもらう。最後に「お手伝いありがとう!」とぎゅっと抱きしめてもらって、園全体の先生の愛情を実感。各学年の先生たちに年長さんとしての自信と意識を高める協力をしてもらう。

このように支えていくこともできます。

③ ▶ 年齢に応じた対応をする

　乳児の頃から入園している障害のある子（1対1の対応が必要な子）の場合、最初は自分でできないことが多いため、担任が常に個別に支援したり、友だちに手伝ってもらったり、その子だけは他の子と違うスケジュールで動いていたりなど、配慮されていることがあると思います。学年が上がってもその子にとっては個別支援や手伝ってもらうことが当たり前なので、同じ対応を引き継いでいることもあります。しかし、「障害があるからなんでも許される」「なんでもお手伝いしてもらえる」というのは、年齢やその子の理解度、できることに合わなくなっている場合があります。子ども自身も「誰かがやってくれるもの」として、自分からはやろうとしなかったり、自分は特別だから他の子からおもちゃを取り上げてもいいと勘違いしていたりもします。

　加配の保育者が「自分でできるように練習しよう」と言って、「おもちゃの片づけは手伝わない」という対応をしているのに、他の保育者が「○○ちゃんはできなくていいよ」「誰かやってあげて」と言ってしまうようなことがないよう、園全体で今その子が練習していることや状況などを共有し、対応を統一していきましょう。

　ときには周りの子どもたちの善意のお手伝いに対して、「○○ちゃんは自分でやろうとしているから、お手伝いしなくていいよ」と伝えることも必要となります。

その子の現在の状態や理解力、どういった伝え方が有効かなどの情報を、療育機関や医療機関、巡回訪問などの専門家に相談しながら、対応の見直しや調整をしていきましょう。

　前はできていたはずなのに難しくなってきた、ずいぶんと言葉も増えて理解力も上がってきたなど、成長とともにできることもあれば、課題が変化することもあります。客観的な情報を集めながらそれをうまく活用していきましょう。

2 ｜ 保護者に伝えていくために

気になる子の保護者へ保育者が感じている心配ごとを伝えるときに、こうすればすぐにうまくいくというような方法は、残念ながらありません。

 相談機関につなぐ

　保育園や幼稚園は同年代の子どもたちの集団の場なので、保育者は気になる子の抱える困難さや他の子との違いなどが見えやすい環境にあります。保育者はたくさんの子どもたちを見て、さまざまな発達段階をよく知っているからこそ、保護者よりも早く発達の心配に気づいていることがあります。

　0歳から保育園に入園している子どもも増え、日中に親子で子育て支援センターなどに行くことで、保護者自身が他の子どもの発達や自分の子どもとの違いなどを目にする機会は減っているのかもしれません。そのため保育者が気づいている発達の心配を、まだ気づきのない保護者と共有するのは難しいことが多いと思います。

　それでも歩きだすのが遅いとか、2歳や3歳になっても覚えた言葉の数が増えていかない、偏食が強い、なかなかおむつが取れないなど、保護者自身にもわかりやすい発達の心配がある場合は、気づきやすいと思います。

　かんしゃくが多くてその対応に困っている、買い物などで動きが制御できず、子どもを連れていけないでいるなど、対応にかなり苦慮されていることもあります。

　保護者が日々の子育ての中で困っていることなどを保育者に聞きやすい関係性となるよう心掛け、保護者自身が心配を感じるようであれば、保健所や保健センターの乳幼児健診や子ども相談、子育て支援センター、児童精神科や発達に詳しい小児科の医師などに相談をしてみるように伝えましょう。その際は園での様子も伝えられるように保護者に報告しておくほうがよいでしょう。

保護者に見えにくいこと

　保護者が気づきにくいのは、子ども自身のコミュニケーションのずれや状況を読む力の弱さ、空気の読めなさの部分です。保育者の伝えたい指示が伝わらないこと、友だちの気持ちがわからないこと、自分の思いを正しく出すことができないこと、まわりの状況に自分を合わせることができないことなどです。

　保育園や幼稚園などの子どもたちの集団の場では、際立って見えてくるのですが、子どもの数も少なく、大人が子どもに合わせた対応をすることができる家庭では、この部分は見えにくいのです。発達相談に来られる保護者も、「園では先生から心配なことが多いと言われるのですが、家庭の中では何も心配なことがありません」と言われます。

　子どもの理解の仕方や独特なものの考え方に合わせて、保護者がかなり工夫して対応しているように見える家庭でも、それを当たり前に続けてきているせいか、そのような独自の工夫が必要だということに、子ども自身の発達の課題が隠れているとは気づいていないのです。インターネットやSNSなどで「子どもが○○のときにうまくいく方法」といった情報にもすぐに触れられるので、実際に子どもの行動や自身のかかわりの中にある心配ごとや原因、関連性などを考えないままに「試してみたらうまくいったので、そうしています」と話されることもあり、一見うまく対応されているように見えて、なぜこの子がこういう行動をとったか、なぜ今の対応がよかったかなどのいろいろな行動のからくりに気づいていないこともあります。

③　保護者に心配を伝えるときの心構え

　気になる子に毎日接する中で、「いち早く療育につなげてあげたほうがいいのではないか」とか、「小学校に入る前に、相談機関につなげないと子どもがかわいそうなのではないか」と保育者が焦ってしまう気持ちもわかります。

　感じている心配ごとを早く保護者にわかってほしいと考えるあまり、保護者が不安になるような伝え方をくり返してしまうこともあるでしょう。

　実際は、発達を不安に思っている部分もあるけれど、それを打ち消したい気持ちのときに、保育者から不安をくり返し伝えられると、その分余計に強く拒否をしたくもなります。それが、保育者に対しての不信感となり、残念ながらその後の相談機関とのつながりがよい

ものにならないこともあるのが事実です。

　幼児期はどんな子どもであっても、成長し変化していく時期です。そのため、言葉が話せなかった子が話せるようになる、活動にうまく参加できなかった子が参加できるようになっていくのを見て、保護者は「できるようになったから、大丈夫」と安堵します。保育者たちは「それで安心されても困る！」と思い、余計に「いつもはできていないのですよ」と言いたくなってしまう。でもそうなってしまうと、なかなか互いの思いをわかり合えるような関係にはなっていきません。

　まずは、その子自身の今できたそのことの成長を保護者と喜び合っていきましょう。
　「始めはうまくいかないことがあったけれど、お子さんのことをよく観察し、保育者がこのように工夫したら、うまくできるようになりました」ということを丁寧に伝え、まずは成長できたことを喜び合います。「保育者がいつもうちの子のことを考え、丁寧に対応をしてくれている。そのことが成長につながっている」と行事や日々の活動の報告の中で、保護者に感じてもらえるようにくり返し伝えていくのです。
　これは特別なことではありません。すべての子どもや保護者に対して、普段から「○○が難しかったけれど、○○したらうまくできました」と伝えていることを、気になる子とその保護者にはより丁寧に伝えていくことで、保護者との信頼関係が強固なものになっていきます。

　信頼関係ができていくと「こういうことがＡ君は苦手ですよね。次の作戦考えないとですね」と保護者とにこやかに話せる関係となっていきます。ときには「今回は失敗してしまいました。また考えます。何かいい方法あったら教えてください」と保育者が試行錯誤している姿も見せます。そして次の年、保育者が代わったとしても「つまずきがでたら、また新たな対応策を考えましょう」と伝え続けます。そういった関係性の中で、いつも子どものことをわかった上で、成長できるように考えて対応してくれている保育者から「今後、学校のことも含めて考えていくには、発達相談が必要かもしれません」と言われるのであれば、「そうかもしれない」と素直に受け止め、発達相談に気持ちが向かいやすくなります。そういった関係性ができていれば、その後診断などの結果が出たとき、その結果を共有して、子どもの成長のために何がいいかを一緒に考えていってもらいたいという気持ちで、保育者に報告できるようになります。

④ ▶ 保育者同士の共通認識

保護者に発達の心配ごとを伝えていくときにも、園の保育者全員の共通認識が必要です。「今の担任はこう言うけれど、前の先生は違った」「主任の先生はそんなことはないと言った」などと、保育者個人の偏った考えだと保護者が感じることのないようにしていきましょう。保育者の立場によって、保護者対応の役割分担はあるかと思いますが、話し方の違いはあっても、「保育者の皆が同じ思いで、心配を感じているということに違いはありません」というところはブレることがないようにしていきましょう。状況を保護者に伝えようとした担任の保育者だけを悪者にするということがないように、日々の保育者同士の情報交換、保護者との面談時に何を話すかなどの共有は常にしておきましょう。

就学してから発達相談につながる保護者の中に、保育園や幼稚園の頃、「子どもには苦手なことやうまくいかないことがあったが、保育者たちがいつも丁寧に対応をしてくれていた」と話される方がいます。もしかしたらその時期に発達相談を案内されていたのかもしれないのですが、そのときはつながらなかったのかもしれません。それでも「サポートを受けてうまくいった経験がある」ことが保護者の中に残っていると、ふとそのことを思い出したそのときに、今度こそ相談機関につながろうと思うきっかけになっていると感じます。

柳田ワーカー

発達障害のあるお子さんの努力

　誰よりも真面目にやろうとしているのに、いつもなぜか「それは違う」と言われてしまう。一生懸命に活動に参加しようとしているだけなのに「まだだよ」と言われてしまう。先生の話を聞いて行動したはずなのに何かが違う。何が違うかがわからない。みんなだって同じことをしているのに、どうしてみんなは違うと言われないのか……。

　巡回訪問で見ている発達障害のあるお子さんは、はたから見ると本人なりにはがんばろうとしているのが手に取るようにわかるのですが、でもやはり違うことをしてしまっていることがあります。残念ながら、保育者が注目してほしいと思っているところに気づけず、見ていないのです。保育者が伝えた言葉の大事なポイントを外して聞いているのです。みんなと同じようにふざけていたとしても、他の子たちは「これ以上はやばそうだからやめよう」と雰囲気を読んでさっとやめるのですが、発達障害のあるお子さんはそこに気づかず、みんながさっとやめたのにも気づけず、結局やりすぎてしまう……。「どうして僕だけが『Ａ君それは違うよね』と注意を受けたのだろう。みんなだってやっていたじゃないか」と感じる毎日なのです。

　もともと認知の仕方や考え方が違うのだから、仕方のないことだと思います。見えないコミュニケーションが意味することや、言葉の間に見え隠れする相手の感情を読み取ることが苦手な障害特性なのだから、難しいのだとは思います。でもそうだとしても、発達障害のあるお子さん自身が理解しにくい環境の中で、できるだけ間違いがないように、できるだけほめられるようにがんばっています。

　そのためにいつも自信がなく、これが正しいのか自信が持てず、「これでいいの？合っている？」と何度も確認します。初めてのことには手を出さず、まずは保育者の顔色をうかがい、まわりの友だちの動きをじっと観察して、自分が理解できてから動こうとします。そういった涙ぐましい努力をしながら、活動をがんばろうとしている発達障害のあるお子さんが少しでも理解しやすい環境が整うように、彼らの努力が報われて、先生たちが少しでも認めてくれるように、私は語らねばならないといつも考えています。

・・

6

園全体で共通認識を持つ

いろいろ使える便利グッズ

①　ホワイトボード

さまざまなサイズがあり、どんな支援にも使いやすく、机に置いたり壁に掛けたり、視覚的に伝えるにはとても有効です。

○スケジュール掲示に使う

○話し合いのときに使う

子どもたちから出た意見を書き、それをみんなで見て話し合うメモとして使う。

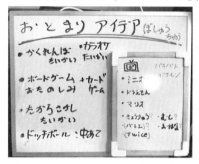

○気持ちの整理に使う

言葉や気持ちを書く。

それを見ることで少し冷静に考えることができる。

○時間つぶしのお絵かきに使う

手持ち無沙汰のときにさっと出して、ぐるぐる書いて過ごす。

○ルール説明に使う

決めたことや言葉で説明したことを書いて掲示する。その場で決まったことを書き込めて、修正しやすい。

○視覚的な支援に使う

絵を描いて伝えることで、言葉より伝わりやすい。

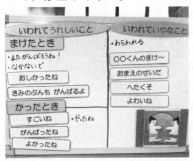

② 折りたためるマット

立てることができるので、大人は上から覗けますが、子どもにとっては十分なついたてや目かくしとなります。場所を分けたり、設定したりが楽に行えます。ぶつかっても倒れても危なくなく、使わないときはたたんで収納ができます。

○危ない場所のクッションとして

走り回る活動などで、ぶつかってしまいそうなときは、その前に立てて、ぶつかっても危なくないように使います。

○更衣室として

みんなから少し遅れて着替えをする子、まわりの動きが気になると着替えの手が止まる子には、囲いをして中で着替えることで、集中して着替えられます。

○おうちごっこの仕切りに
ごっこ遊びの仕切りにするのは最適です。

○クールダウンの設定に
まわりに刺激があるとなかなか落ち着けない子には、他の子の視線や動きを隠して中で
休憩するために囲いをしてクールダウンします。

○気になるものの目かくしに
鏡が見えるとそこに映る自分が気になって、保育者の話を聞けない子もいます。集中で
きるように気になるものは隠してしまいましょう。

クールダウンに

目かくしに

○交通整理に
他の気になる場所に寄り道せずに目的地についてほしいときは、通路をつくってしまい
ましょう。

○隠れる居場所づくりに
他の子どもたちと違う遊びをする子や集団の中では疲れてしまう子は、隠れて過ごすス
ペースづくりに使えます。

おわりに

　十数年ほど前、保育士の友人から「療育センターの巡回訪問の後、私はいつも泣きながら帰る。これまでも頑張っていたのに、訪問する人に『もっと頑張れ』と言われるから」と伝えられたことがありました。私にとって、それはかなりショックな言葉でした。

　日々、障害のあるお子さんや発達が気になる子に向き合っている保育者にそんなことを言わせてはいけないと思い、保育者の皆さんが頑張っていることをしっかり受け止め、もし少しでもズレがあるようなら、どうしたら軌道修正できるかを無理のない範囲で、丁寧に伝えたいと思いました。

　今回この本で、多くの方に保育現場が工夫している設定や支援を紹介することができ、とてもうれしく思います。

　お忙しい時間に無理なお願いをして、写真を撮らせていただいた各園の皆さま、本当にありがとうございました。この本を書いている途中で、訪問させていただいた他の保育園や幼稚園からも、たくさんのヒントやアイデアをいただきました。本当に感謝の思いでいっぱいです。

　そして、私自身の育児本として、心の支えであった憧れのナナイロペリカンさんにイラストをお願いすることができて、本当に夢のようでした。どうしても言葉だけではうまく説明しきれなかった状況を希望どおりのイラストに仕上げていただき、保育者さんの表情も求めていたとおりになって、感動のあまり涙が出る思いでした。本当にありがとうございます。「また一緒に本を作りましょう」と声をかけていただいた中央法規出版の星野雪絵さんにも大感謝いたします。

柳田めぐみ

著者紹介

柳田めぐみ（やなぎだめぐみ）

社会福祉法人青い鳥
横浜市東部地域療育センター地域支援室ソーシャルワーカー

担当地区のお子さんの発達相談を受け、医療部門や療育部門につなぐ役割を担い、地域支援としても、保育園や幼稚園などに年間80回を超える巡回訪問支援を行う。共著書に『きょうだい－障害のある家族との道のり－』（中央法規出版・白鳥めぐみとして参加）があり、現在はCAN公認ヤングケアラーサポーターとして、きょうだい児支援をライフワークとしている。

● 写真協力園（五十音順）

学校法人柳川学園　潮田幼稚園
株式会社俊英館　尻手すきっぷ保育園
社会福祉法人神奈川労働福祉協会
　　矢向保育園
社会福祉法人ねむの樹
　　ねむの樹元宮保育園
社会福祉法人若里　みゆさと保育園
横浜市東部地域療育センター
横浜市立潮田保育園

多層的なかかわりで子どもたちが落ち着く・まとまる
保育者のための　気になる子が複数いるクラスの整え方

2023年11月20日　初　版　発　行
2024年 4 月25日　初版第 2 刷発行

著　　　者　　柳田めぐみ
発 行 者　　荘村明彦
発 行 所　　中央法規出版株式会社
　　　　　　〒110-0016　東京都台東区台東3-29-1　中央法規ビル
　　　　　　TEL 03-6387-3196
　　　　　　https://www.chuohoki.co.jp/

本文・装丁デザイン　　澤田かおり（トシキ・ファーブル）
イラスト　　　　　　　ナナイロペリカン
印刷・製本　　　　　　株式会社アルキャスト
